# 着迷

## 那些有态度的收藏家

解宏乾——著

人民东方出版传媒
東方出版社

**图书在版编目（CIP）数据**

着迷：那些有态度的收藏家 / 解宏乾 著. — 北京：东方出版社，2017.8
ISBN 978-7-5060-9871-7

Ⅰ. ①着… Ⅱ. ①解… Ⅲ. ①收藏家—生平事迹—中国 Ⅳ. ①K825.41

中国版本图书馆CIP数据核字（2017）第210712号

**着迷：那些有态度的收藏家**
（ZHAOMI:NAXIE YOU TAIDU DE SHOUCANGJIA）

**封面题字**：邹静之
**作　　者**：解宏乾
**策　　划**：陈　卓
**责任编辑**：陈　卓　李　森
**封面设计**：周伟伟
**出　　版**：东方出版社
**发　　行**：人民东方出版传媒有限公司
**地　　址**：北京市东城区东四十条113号
**邮　　编**：100007
**印　　刷**：鸿博昊天科技有限公司
**版　　次**：2017年10月第1版
**印　　次**：2017年10月第1次印刷
**开　　本**：787毫米 × 1092毫米 1/32
**印　　张**：7.5
**字　　数**：150千字
**书　　号**：ISBN 978-7-5060-9871-7
**定　　价**：48.00元
**发行电话**：（010）85924663　85924644　85924641

# 序　收藏或玩物丧志 / 邹静之

收藏一事，最为迷人。

所谓收藏，也可叫玩物，就是玩物丧志的那个“玩物”。我不觉得玩物有什么不好，从我现有的经历来看，人活在世上，就是一个不断丧志的过程，以玩物来丧志，总比互伤互害的其他玩法无害得多。

少时，心存大志，登高怀古，在山上大喊大叫要活出个人样儿来；长成，事事不顺，立大志说“要扼住命运的咽喉不撒手”；上山下乡九年后近三十岁回到北京，明白了一件事，只要“命运不扼住我的咽喉”就千好万好了。“有大志不如做小事”，回京后做瓦匠，当白铁工，查水电表，业余学美声，打桥牌（妄图进专业队），东撞西撞一事无成。大志被生活消磨得差不多了，感觉有间房能成个家，就很美好了。无意间写了一篇小说，发表后，就进入了写作者的行列，一写就是近四十年。四十年来天天如一日，写累了，就去古玩市场转，玩物之中，消磨了很多尘世带来的纷争与烦恼，大志向没有每天写作来得欢愉和真实，慢慢也就明白了“好坏无分别，事事皆如来”的道理。

“收藏”两字，收之后是要藏。

收古董无外乎三种：一种是为把玩，研究，传世，最主要的是内心喜欢；还有一种收就是为了卖，当生意做，不藏；再有一种是中间状态的以藏养藏，既收藏，也买卖，此类最终多是倒向了买卖。

古家具收藏家中，陈梦家先生、王世襄先生是前者。现在这样的老先生不多了，就是愿意效仿，也难了。

我见过一先生，家里留的东西不少，秘不示人，话不投机，酒不喝好，不给你看。在我看，这类先生是真喜欢，金屋藏娇，收东西就是为了自己消磨岁月用的。虽不研究、不著文，但也是藏的一种。

我曾拒绝过一个好朋友要把我收的老家具都仿制成商品的想法。理由是收藏，收藏，收了得藏起来秘不示人。好东西，它的独特性是极为要紧的，满世界商业性的仿造，对艺术品本身是有伤害的。比如，你看过地摊上成堆的马踏飞燕，再看到真品时，先是那个震撼没有了，还有在欣赏时要先把脑子里那些仿品剥离出去，不被真假的区别干扰。艺术品欣赏是发现，也是创作，那种专注和身心投入是力求心有所悟。这专注若被打扰，就是对艺术的打扰。

收藏，收藏，藏的关键是：对艺术本身的尊重才是对艺术最好的爱护。

上亿元买了鸡缸杯，先拿来喝茶，自己买的爱怎么用怎么用，说得也有道理。但是对那件艺术品来说有不惜、不敬之感。粗俗不怕，我们出门遍地都会看到粗俗，但炫耀粗俗就可怕了。

收藏，虽是探索旧物，但最终当向文明的大路走去，才是正道。

我与解宏乾相识多年，想不到，他的这本书采访到了这么多大家，在今年北京的酷暑之时，缓缓读来，深有感触。

是为序。

2017 年 7 月

# 目录

# 崔永元

## 老电影收藏也是一种表达

■ 自从离开《实话实说》之后，崔永元的形象似乎在观众的心里逐渐起了变化，他不再只是一位优秀的谈话节目主持人，同时更是一位狂热的老电影收藏者。2002 年，他策划制作了大型电视专题节目《电影传奇》，重新诠释了从中国电影诞生至今的数千部影片中的 208 部，再现了 150 部老电影中的 600 个真实场景，还在片中扮演了 400 多个角色。

记得当时崔永元因病辞去已经就职 7 年且捧红了他的《实话实说》栏目主持人时曾说，那个时期他失眠很严重，整个人变得痛不欲生。心理医生劝他找个喜欢的事情做，他马上就想到了自己已经坚持多年的收藏：老电影和连环画。

崔永元在回忆那段痛苦经历时说，他心绪烦躁的时候就在家里看老电影，看老电影的小人书，看老电影的剧本，“凡是跟老电影有关的，一看心里就会很平静”。老电影何以会对他产生这么大的影响？“那是因为我们小时候获取信息的渠道特别窄，没有电视，看不懂报纸，就是听听广播，而广播没有电影这么有魅力，所以，主要的娱乐形式就是看电影。”

## “老电影拯救了我”

“《实话实说》做的时间长了以后，做伤了。一到那个地方，化上妆，镜头对着你，光一亮，心里就开始不舒服，有一种生理上的厌恶。我也一直在跟心理医生沟通，心理医生跟我开玩笑说，你要重返人间。治病期间，我沮丧得没办法，连活着都没兴趣，对所有的事情丧失了信心。那个时候没有良药，除了心理医生的辅导和大剂量的镇静剂。”如今，崔永元紧锁的眉头终于完全舒展开了，“是《电影传奇》把我挽救了回来，是电影让我看到了光明”。如今，抢救老电影的工作不但治好了他的病，而且，他在其中还感悟到更深一层的意义，也因此萌生了开办“电影传奇馆”的念头。

在制作《电影传奇》的过程中，崔永元采访了许多老电影人，使他感触很深，于是萌生了一个想法，给自己多年来辛苦收集的电影藏品一个公开展示的机会，“这个想法在脑子里闪电似的亮了一下，瞬间，自己也像过了电，觉得特别过瘾、特别兴奋。我很

● 《电影传奇》场记板

明确自己的想法，要找一个场所，把我收集到的这些关于电影的藏品拿出来，和爱好电影的朋友们一起欣赏，分享我们共同的快乐。不过，当时没有想到要建私人博物馆，最初的想法是要建一个办公室、茶楼一样的地方，大家随便一些，欣赏老电影，喝喝茶、聊聊天就好了”。

随着藏品的增多，崔永元觉得，仅仅一间办公室，已经放不下这上千件藏品，他开始有了建造私人博物馆的想法。可没想到，他的这个想法触发了很多人的神经。“建造私人博物馆很困难，场地就是一个非常大的坎儿，这里要感谢我的朋友——万通的老总冯

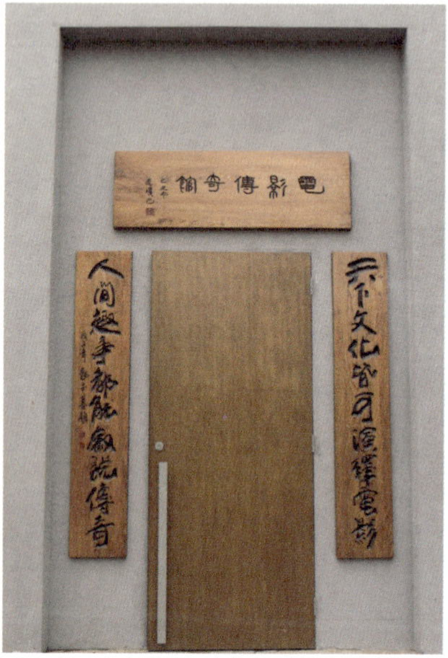


● 电影传奇馆正门

仑，他知道我的想法后非常感动，尤其是看了我的这些藏品之后，特别支持我，无偿给我场地并捐赠了馆内所有的装修。”同时，还吸引来很多人向他捐赠有关老电影的藏品。

对崔永元来说，馆中收藏的这些“宝贝”汇聚了自己 40 多年来的心血，也凝结着他从小的梦想。“我喜欢看电影，小时候想，什么时候能把这么多电影都搜集到一块儿，想看哪部拿出来一放，多牛啊！”

如今他已经为自己定下了更远大的目标，“我希望做到有麦当劳的地方，就应该有电影传奇馆，参观者喝茶聊天之余能够从这里学到点儿东西”。

## 藏品过万，如数家珍

北京的电影传奇馆坐落在怀柔的一个别墅区内，共有上、下两层，在不到300平方米的空间里，展出了3000余件藏品，其包罗万象是参观者绝对想不到的。从博物馆门口的牌匾与题词，就可以看出来，崔永元的这一举动得到了无数人的支持。“当初想找一位在电影界德高望重的人给我们题写馆名，后来实在不好取舍。门口的字是惹琼巴题的，里面还有台湾星云大师题的，因为星云大师是我的好朋友，据说星云大师很少题字，就连一些佛教的寺院都很少有他的题字。后来我告诉他‘电影传奇馆’这件事，他认为功德无量，所以就给我们题了字。另外还有王为一导演、汤晓丹导演、严寄洲导演以及吴自然先生都题了字。我们小时候看的很多长影的电影都是吴先生写的片名，因为那时候还没有电脑特效，所以都是手写的片名。”

一走进“电影传奇馆”就会发现，只要是跟电影有关的，跟电影人有关的，这里无奇不有，堪称一部活生生的中国电影发展史。从伪满洲国时期满洲映画化妆师使用的化妆盒，到电影《刘三姐》

《平原游击队》的创作手稿、赵丹的书法作品、作曲家黄准捐赠的《红色娘子军》乐谱手稿、美术师寇鸿烈先生捐赠的《农奴》美工气氛图和海报手稿、佟翔天美术师捐赠的电影《大决战》美工手稿，甚至郭维导演、王炎导演、严寄洲导演、苏里导演创作时用的写字台都在。

此外，1000 多部电影拷贝、160 多种电影放映机、40 多种电影摄影机、千余张电影海报，也足以令电影爱好者们惊叹。崔永元临时扮演解说员，无论是电影人的故事，还是拍电影、放电影的设备，他都如数家珍。

“现在的演员都是到了片场现看剧本，哪句是我的，到时候给我提下词儿。那个时候的演员在接演一个角色之后，会给人物写小传，一个人物出场即使只有 5 分钟，也会有来历，爷爷、父亲都是谁，生长在什么样的家庭，有什么样的经历，都要写出来。我听说过一件最有意思的事，在拍《山间铃响马帮来》时有个演员写人物小传，写了一个星期，他演的这个人物还没出生呢。”他随手指了指赵丹的一幅书法作品说：“看到他们的书法作品，我觉得他们那一代艺术家，还称得上是艺术家，他们不光是导演或者演员，他们在其他方面的文化造诣也很深。因为那个时代的艺术教育或者艺术培育要讲究这个，相辅相成，搞艺术的人要有内涵，有底蕴。也许过去他们比的是谁的书法最牛，而现在比的是谁的片酬最高。”

讲起馆内的藏品，崔永元真可谓滔滔不绝，信手拈来：“当时在广西、贵州、湖南都有关于‘刘三姐’的传说，不过叫什么的

● 星云大师题字

●《大众电影》《人民电影》《电影工作者》等杂志的创刊号

●著名导演谢添的获奖证书和电影《小铃铛的道具》，小铃铛曾是家喻户晓的明星

都有，有叫刘三姥的，有叫刘三太的，有叫刘三妹的，最初电影采用的名字就是《刘三妹》，后来电影拍摄完成才改名叫《刘三姐》。现在，我们看电影中阿龙喊刘三姐的口型还是‘刘三妹’……这些都是创刊号，《大众电影》《长影画报》《上影画报》《上海电影》《电影创作》《人民电影》《国际电影》《电影工作者》。《电影工作者》是东影 1948 年出的，出完创刊号就又回到长春了，这个杂志没有第二期……印有‘白毛女’字样和图案的商品什么都有，杯子、钱包、香皂、笔记本、糖果、扇子、相册、立体画、扑克牌、练习本、琴弦、火柴、幻灯片、玩偶模型。这就是无意中形成的‘白毛女’的驰名商标，我估计也没人注册，所以也没人交钱……这是一些电影院的股票，杨浦电影院、衡山电影院，这些影院基本上都在上海，20 世纪三四十年代是中国商业电影最发达的时候，发行股票一点儿都不稀奇……”

除了与电影内容有关的收藏，电影拍摄、放映设备的收藏在电影传奇馆中也极其丰富，“这个放映机我特别喜欢，‘松花江 5565’，这个机器的特点是可以连续放映 4 小时，也就是说，放一部电影绰绰有余，而且，它有两个片盘，可以循环放映。这是中国人的专利，哈尔滨电影机械厂生产的，这个型号的机器共有 14 台，12 台在阿根廷，一台在美国，一台在这儿。这是当年我去他们厂参观的时候，听他们讲的，机器是为阿根廷定做的，因为怕有问题就多生产了两台，我去的时候就剩下一台了，毫不犹豫就买回来了。‘松花江 5505’是它‘爸爸’，‘松花江 5502’是它‘爷

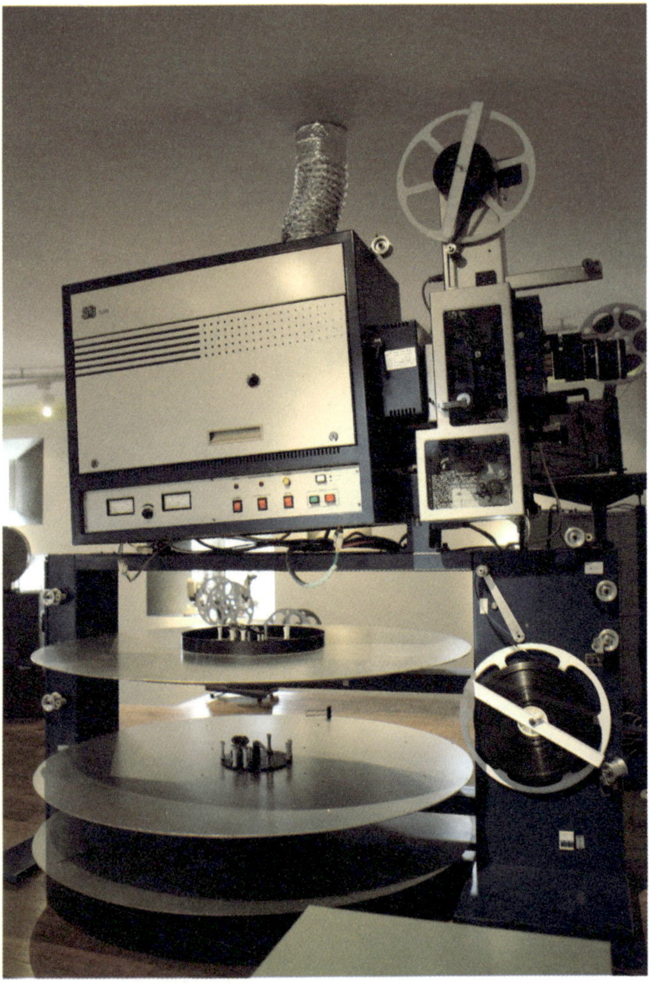

● 松花江5565放映机

爷’，这两台是他们厂捐赠给我们的。哈尔滨电影机械厂最早是俄国人创立的，咱们收回来之后改了名，也算是新中国最早的电影机械厂。现在的电影院里还有一些是哈尔滨生产的，但更多的是天津东风电影机械厂的放映机”。

除此之外，崔永元收藏的放映机还包括法国、德国、美国、日本、澳大利亚等国家的各种型号，从 20 世纪 30 年代带着包装盒的日军手摇放映机，到现在只用一个片盘就可以放映 4 小时的国产大型放映机，应有尽有。

不过，用崔永元的话说，这些藏品也只是他所有收藏的百分之一，因为这里空间有限，很多大型道具无法展示，例如姜文捐出了《太阳照常升起》中房祖名开的那台拖拉机，陆川捐了《南京，南京》里的坦克，等等。

熟悉崔永元的人都知道，他已经矢志不渝地钟情于有关电影的收藏 40 多年，他的朋友曾直言，“小崔的痴迷简直到了魔怔的程度”。因工作的需要他去过很多地方，每到一处最先做的事情不是欣赏当地的风景名胜，而是去旧货市场淘他钟爱的连环画和老电影海报。小时候受条件所限，崔永元的收藏大多是电影连环画一类的小物件儿，成名之后，倒是成全了他的老电影情怀，与电影相关的藏品至今已经收集了几仓库，“为了放这些东西，我的仓库遍布各地，其中我的片库就在河北，目前已经有一万多个拷贝了”。

● 老电影连环画

## “我更愿意当个电影迷”

可以看出，对于老电影收藏，崔永元所投入的精力、热情、金钱、时间，远远超过其本职工作，而他对于电影收藏的讲解，也展现出他的另外一面。“其实，一个真实的人本来就有各种各样的侧面，这些都加起来可能才是一个完整的人。我倒觉得，大家定义我是一个电影迷、电影爱好者，或者说电影研究者、电影专家，这个形容更像我，而做谈话节目主持人反倒是个非常偶然的事儿。我至今不觉得主持人是我的手艺，只是阴差阳错地干上了那件事儿。如果到今天为止大家依然觉得我干得特别好，只能说明这个行业人才太少了，没有什么像样的人。这不是一件让人高兴的事儿，是件挺悲哀的事儿。我是 20 世纪 90 年代中期开始主持谈话节目的，在中国可以算是先行者，但是此后涌现出的新人应该早早地就把我们抛在后面了。如果现在大家还怀念 1996 年《实话实说》的主持人和节目风格，那能说明什么呢？只能说明我们进步太慢了。我并不认为我们那时做得有多优秀，只不过我们做得早。”

因为抑郁症离开《实话实说》的崔永元，并没有因此一蹶不振，坊间甚至传言，崔永元为了做《电影传奇》抵押了自己的房子，还贷款 1000 万元。“这个传说除了抑郁症是真的，其他全是假的，我觉得都是大家想象的，或者把我的玩笑当真了。因为在做《电影传奇》的时候，我的一个好朋友叫刘会，是一位企业家，非常支持我。他大概听我描述《电影传奇》的想法也就 5 分钟，便热血沸腾了。”他回忆道：“当我花到 1000 多万的时候，这件事情还一点儿动静都没有呢，没有人看好这个项目，没有人觉得这是一件正事儿。我也觉得很对不住刘会，因此我当时确实找过他，跟他说，我有车和房子，全部抵押给你，一旦这件事情失败了，我愿意倾家荡产来赔你。刘会一笑了之，他从来没有动摇过，一直在支持我，即使前景渺茫。但是，在我们花到 1200 万的时候，事情有了转机，电视台的主要领导终于认识到了《电影传奇》的历史价值、史料价值和观赏价值，让它和观众见面了。所以到今天我还是特别感谢刘会。过去在接受媒体采访时，总是把我自己描述成一位义无反顾的英雄，没有人知道刘会。当我功德圆满的时候，这件事儿完全做成功了，刘会选择默默地退出，他在这件事情上没有得到什么实惠，不像企业家干的事儿，他是一位儒商。”

当然，除了刘会，崔永元的收藏触动了很多人的神经，以至于支持他的人数不胜数，很多人自愿送来一些珍贵的藏品。“帮助过我的人如果列一个名单，应该有几千人了，我现在每周都会收到他们捐赠的东西，这使我信心倍增。开馆的时候我曾说过，有麦当劳的地方都要有电影传奇馆。因此我现在也计划，要在全国大的城市把电影传奇馆办成连锁的，让喜欢电影的人都有一个电影传奇馆可以参观。电影传奇馆与其他博物馆最大的区别就是，参观者可以亲近它们，可以触摸，甚至可以使用，可以坐在它们旁边聊天、喝茶、吃面。让人们喜欢是特别重要的，只有喜欢了它才会去研究、去思考，那是我最早的想法，通过电影让人们对历史感兴趣，这样，我的目的就达到了。”

## 为了让大家记住历史

虽然电影传奇馆中的藏品种类繁多，但也不难发现，其藏品主要与解放后至改革开放前夕的电影和电影人有关，而且，多数为理想主义或英雄情结的电影。对此，崔永元解释道：“这些特点可以说是我收藏的价值取向，也可以说是那个年代电影的特征，因

● 山野洋次签名的《寅次郎的故事》海报

为 1949 年以后拍摄的电影基本上都是这种理想主义、英雄主义的影片。不过，如果我的收藏都拿出来给大家看的话，你会发现它非常丰富，我可以一夜之间让这个电影馆变成美国电影馆，也可以将这个电影馆办成日本电影馆、印度电影馆、朝鲜电影馆，我都可以做到，因为我的藏品非常多。”

展示这些藏品，崔永元是有自己想法的：“我希望像我们这个年龄的人，走进这个电影馆能够热血沸腾，好像在重温那个年代。因为对于那个年代，我们现在写史的时候，经常会写得很武断，就是把那个年代的每一个人都写得很狂热，写的都像动物，其实任何时候都是一样的，包括当下也是有些人像人物，有些人像动物，没有什么太大的差别。年代的差异再大，人的差异也不会太大。不过千万不要误解我，我一点儿都不怀念那个年代。我只是认为，那个时代好的东西我们不要丢掉，要继续保持下去，而那个时代发生的悲剧在这个时代不要再重演了，因为付出的代价非常高。我发现，我们现在犯的错误没有什么是自主创新的，都是前人犯了很多次的，现在还在犯呢。”

也许是做谈话节目养成的习惯，崔永元在筹备电影传奇馆的时候，也不忘对当今社会诸多问题的反思：“我其实就是想要人们记住有这样一段历史。我觉得中国最大的问题就是大家对历史不在意，不感兴趣。我尤其受不了的是故意的不在意，有意的不在意，实际上就是一种逃避，或者躲避，不想说什么，也不想正视什么，然后把同样的错误再犯一遍。我试图让大家对历史感兴趣，电影是

● 民国时期电影公司发行的股票

了解历史特别形象化的一个途径，如果能够把电影史搞清楚，中国现代历史你就知道个大概了，但是没有人对它感兴趣。很多人认为我抛开《实话实说》去做《电影传奇》是因为生病了，做《电影传奇》是病得更重了，他们不能理解。我听到过各种冷嘲热讽的说法，也试图辩解，或者表达我真实的想法，后来我发现很徒劳。我的《电影传奇》是在收集中国的影像历史，多伟大的一件事儿啊。”

因此，与许多收藏者不同，崔永元的身上永远带着一种社会责任感，而且非常愿意把自己的藏品展示出来，时时刻刻发出自己的声音：“我希望每个中国人都能够活得稍微沉重一点儿，别天

● 阮玲玉去世之后，明星公司的全体合影。其实明星公司的倒闭就和她去世有关系，她去世之后公司伤了元气。阮玲玉去世了，所以胡蝶放在了中间的位置

天那么快乐。因为我觉得无论是沉重，还是快乐，都应该是有缘由的，我看到了太多无缘无故的快乐，不知道他们为什么那么高兴，也看到了很多为了应付镜头表现出来的皱眉头和沉重。我总是觉得我们活得不真实，我不知道原因是什么。”电影传奇馆从某种程度上说，也成了崔永元的另一种表达方式。“我并不急于表达什么，如果谁看了之后悟到了，我才会和他交流。也有很多人来看热闹，这个值多少钱啊？那个值多少钱啊？我就告诉他们都不值多少钱。因为我觉得对理想没有兴趣的人，我没有兴趣和他交流。前几年，

我还常常去一些大学做演讲，现在我一点儿兴趣都没有了，我觉得我的声音很微弱。过去我觉得我能影响一个人就影响一个人，现在我觉得我只影响值得影响的人，有些人已经不可救药了，他爱干什么就干什么吧。”

## 把电影传奇馆办成连锁店

谈到目前中国的电影市场，崔永元也表示了他的无奈：“我要是拍电影的话，也会拍娱乐片，因为现在的电影市场只接受那样的电影，说难听点儿，现在的观众只配看那样的电影，这是一个恶性互动，让人很悲哀。”他认为：“电影从一开始作为工业发展的衍生品，后来成了电影艺术，现在我们也在一起努力，再把它变成电影杂耍。作为电影创作者，你还应该有一个导向作用，你应该慢慢地影响观众，让观众慢慢知道什么是好电影，什么是电影艺术，什么是电影艺术家。不过，当你做到这点的时候，你会有很多损失，没有那么高的利润，甚至赔一些钱。电影商业化也并不意味着直接把它当作买卖来做，它毕竟是电影，属于文化产业，所以应该是既要有商业的模式，又要有文化的味道，两者兼而有之才行。”

就如同他在做电影传奇馆以及《电影传奇》栏目的时候，“每天忙得不可开交。我们的四位首席记者常常会给我列一些近期要采访的名单，而当我们做好方案的时候，很快又听说这个人不能说话了，那个人去世了，我们根本就忙不过来”。当他全身心地投入其中的时候，效益已经不再那么重要了，“鬼才不想挣钱呢，哪有不喜欢挣钱的人呢？哪有不喜欢效益的人呢？但是这件事儿摆在我们面前的时候，最重要的不是效益，最重要的是效率。等到你把这些抢救下来之后，你可以抽着烟，喝着茶，慢慢想怎么把它变成钱。这件事儿对于我来说，或者对于整个中国电影事业来说，不是钱的事儿，也不是收视率的事儿，我没有办法那么考虑”。

崔永元对于电影传奇馆的伟大构想，听起来似乎应该由政府文化部门或者公益机构来做，“确实有很多是政府部门应该干的事儿，但是有关部门经常会伴随着一个词，就是‘不作为’。他们不愿意做，因为这件事儿很难在短时间内换成钱，也没有那么长脸。这件事儿不是说你做了就轰动，你做了就能得到所有人的夸奖，或者巨大的经济回报，所以他们就不愿意做，只好由我们来做”。为了能够维持电影传奇馆今后的发展，崔永元也设想了一套经营模式：“我们要做电影传奇的会所，也不光是电影的东西，还能看到名画、化石、珠宝玉器等，人们可以感受着文化熏陶的同时喝喝茶，那当然是收费的了，也就是博物馆和会所结合的经营方式。”

前不久，第二家电影传奇馆在成都安仁古镇开张，占地近5000平方米，涵盖展陈、放映、互动休闲和电影学术研究等功能，以12个不同主题馆展出了1080件藏品，从国外到国内，从黑白默片时代“电影的诞生”到中国电影发展鼎盛时期的“好戏连台”。与北京怀柔的电影传奇馆不同，这里最主要的藏品是各种版本的电影海报。比如有《泰坦尼克号》导演卡梅隆亲笔签名海报、《末代皇帝》德国版海报、《卖花女》丹麦版海报，还有李小龙所有电影的海报。

# 樊建川

## 梦想建100座博物馆

■ 樊建川是个奇人，确如他说，全国都找不出像他这样搞收藏的。别人的收藏，百件、千件就了不起了，万件的凤毛麟角。而樊建川收藏的近现代文物都是十万、百万，甚至按吨计算的。

手写资料二三十吨。

书信三四十万封。

日记两万册左右。

像章上百万枚。

票证上百万份。

公章一万多枚。

唱片十几万张。

瓷器五万件左右。

镜子约五万件。

座钟一万座。

生活照影集上万本，以照片计，有一百多万张。

宣传画十几万张。

电影拷贝近万个。

“文革”的烟标、请柬、奖状，各种结婚证、袖标、旗帜，都分别上万件。

“文革”的搪瓷件、收音机，上万件。

老报纸百万吨。

各种版本的教科书上万册。

毛主席像的绣品上万件。

……

“据不完全统计，我的所有藏品，共计 800 多万件，其中‘文革’藏品超过一半，抗战的有 200 多万，国家文物局（原）局长单霁翔去看过我的库房。我现在最大的困惑就是收的东西太多，库房没法登记。现在有七八个人负责整理，包括拍照、量尺寸、登记日期，最多的一年能整理出 20 万件。但我平均每年要买 40 万件东西，大部分都堆在库房里。大概的数据都在我脑子里，八九不离十。”樊建川语速很快，带着浓浓的四川口音，一桌十几个人吃饭，就听他一人说，谁也插不进话去。

2013 年 7 月 7 日，“为了和平，收藏战争”建川博物馆抗战文物展，在中国人民革命军事博物馆开幕，展出抗日文物 300 余件，

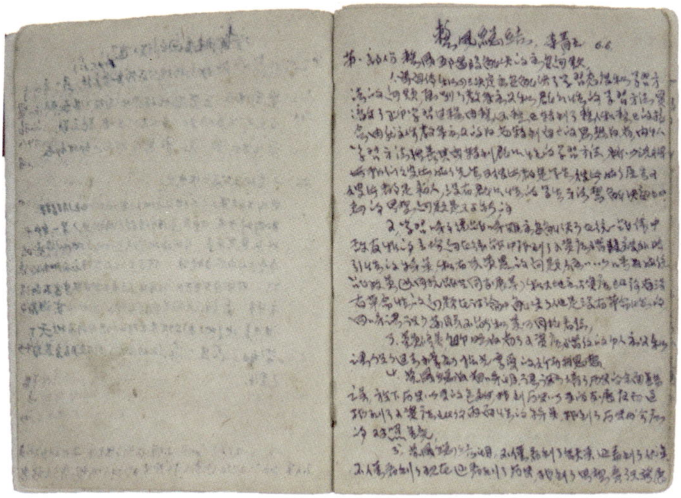

● 陈明义工作笔记本。陈明义（1917—2002），河南商城人。历任八路军129师司令部作战参谋、冀南军区参谋长、第二野战军18军参谋长。该笔记本记录了从1944年9月17日到1949年3月8日期间的工作情况，诸如中共中央党校学风学习、18军参谋会议内容记录等军事政治事件其中 50 件（套）为国家一级文物。

## 秒杀国家级博物馆

说到“国家一级文物”，多数人都没什么概念，起初樊建川也如此。2002 年，他第一次带着自己的藏品来北京展览，展览地点设在位于宛平城的中国人民抗日战争纪念馆。当时的樊建川，虽然热衷收藏多年，也清楚自己有不少难得一见的好东西，但并没敢想建博物馆，能在国家级的博物馆展出几天已经觉得很荣幸了。

几天的展出下来，他的藏品让很多人叹为观止，建议他找相关部门评定。评定的结果出来，其中有 14 件国家一级文物。樊建川回忆：“我对‘一级文物’没概念，就问抗战纪念馆的馆长，你们有多少件一级文物？他一摇头打了个岔，没理我。我有点儿纳闷，又偷偷问他们纪念馆的一位部门主任，他悄悄告诉我：两件。……这么大的国家级博物馆才有两件一级文物，我一下子就评定出 14 件。现在（截止到 2017 年 5 月）我共有 329 件国家一级文物，主要是抗战文物，一些‘文革’文物现在还没法评定。”

这一下，樊建川有了自信，“抗战文物收藏，我肯定是中国第一了。于是我想，为什么不能自己建博物馆呢？我是做房地产的，我不做谁做。一不小心就修了 24 座，建成了博物馆聚落”。

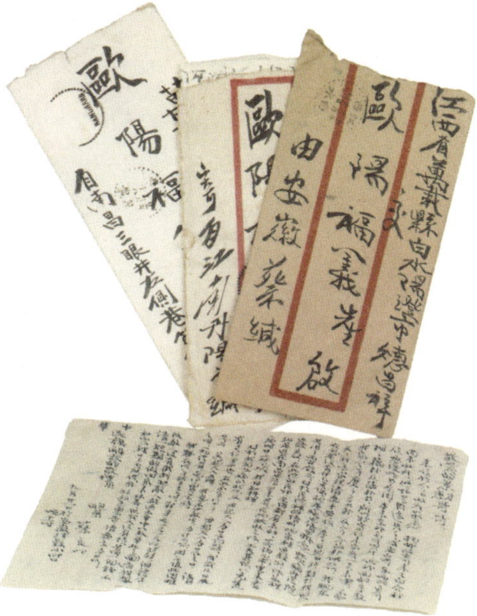

● 新四军战士蔡良家书。家书用新四军司令部笺纸书写，写于1938年8月17日。家书中提及日本已占领九江，以及尚在沙河、南昌铺、瑞昌与新四军激战的信息。信中表达了“日本鬼子不驱出中国去，儿就不回家，誓死为抗战奋斗到底”的决心

## 收藏从捡破烂开始

樊建川生长在一个军人家庭。父亲是一名老兵，1940年参加晋绥军抗日；1942—1944年，在伪军矿警队；1944年加入八路军。解放战争时在199师596团榴弹炮连，1949年任排长；后随199师入朝参战，1953年任596团3营炮连连长，两次立战功，后任宜宾市民政局局长。母亲出身地主家庭，1950年四川解放时，她看见大军入川，大势所趋，放弃小学教师职务，赶快当了兵。

“文革”时期，父母的遭遇，让他有了收藏意识。“刚开始就是想知道父亲为什么被批斗。传单、小报，特别是牵扯到父亲的，都收起来。我现在还有关于父亲在宜宾的一些资料。由于好奇，碰上北京、宜宾红卫兵撒油印传单，就捡几张。”此后，插队、当兵，让他产生了浓厚的军人情结。樊建川说：“我之所以把抗战文物作为收藏对象，缘于我的军人情结。我的父亲是抗日战士，我自己也曾有11年的兵龄，这使我对战争有一种天生的关注。父辈是在面对面的拼杀中亲历战争的，我们这代人是在《地道战》《地雷战》《小兵张嘎》等文艺作品中知道战争的。”

他收藏抗战文物的激情是被电影《血战台儿庄》点燃的。“电影里，川军师长王铭章中弹负伤，浑身是血，仍挺身大叫：‘拼上去，中华民族万岁！’真是惊天地泣鬼神。”回想起来，樊建川仍然激动不已，“中学时，老师私下讲了点国民党的抗战，但了解到的很少。于是，我开始收集川军的资料，阅读、研究川军抗战史，

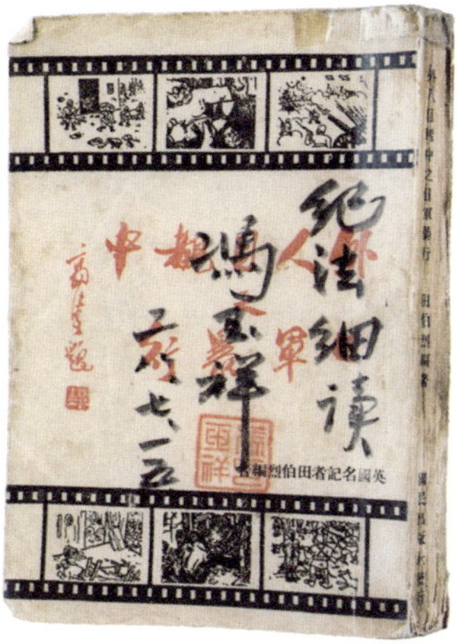


● 冯玉祥题记《外人目睹中日军暴行》。抗战中，英国著名记者田伯烈收集了大量“南京大屠杀”的第一手资料，编成该书。1938年6月在英国出版。1938年，由汉口国民出版社翻译出版

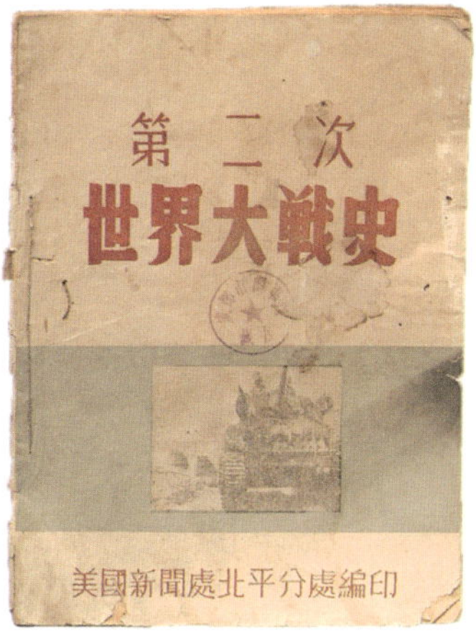


● 1945年10月，美国新闻处北平分处编辑出版的《第二次世界大战史》画刊。其中有中国人修建机场和滇缅公路的照片（1944年底）

一串数字让我震惊了，内心的震撼促使我必须做些什么！”

从此，樊建川的收藏便一发不可收拾。“文革”期间，他下乡插队，1976 年去内蒙古当兵，后考上西安政治学院。这一期间，收入有限，没有收集太多的东西。1981 年毕业后，樊建川被分配到重庆第三军医大学教书，工资高了，收集的东西开始多起来。“那时候没有市场，我就去废品收购站买，找到一件算一件。走过垃圾堆的时候，也会注意一点，捡过残缺的毛主席石膏像、印有‘文革’语录的脸盆，最厉害的一次捡了一把小提琴，背板开了，上面有毛主席语录。一个月能捡到一件东西都会很兴奋，把玩半天，”樊建川说，“到父亲老战友家拜访时，会跟他们要。记得一个姓刘的老红军有一个缴获的日本饭盒，已经七扭八歪了，他用来放盐巴。我把盐巴倒掉拿走了。在重庆三医大也收到一些东西，三医大清理资料时，我拿走了一些。宣传处有一些回收的毛主席像章，可能有半麻袋，二三十斤，也让我提走了。”

转业回到宜宾，樊建川认为从前那都不能算是收藏。“虽然一直在收集，但范围很窄，量也不大，很不容易才能找到一件抗战或‘文革’的东西。当时，我们地委书记家有个泡菜坛，上有‘斗私批修’字样，我买了个新坛子换走了。我基本上都是管别人要，或者自己捡。从 1990 年以后，有了市场才叫收藏。”

20 世纪 90 年代以后，樊建川开始了疯狂的收集，首先让他兴奋的就是“全民大搬家”。他说：“中国每一个家庭在这 20 年里几乎都搬过家，有些还不止一次。搬家是我收东西的一个重要途径，

● “国难临头，共起奋斗”搪瓷盆

● 陈万仞将军赠子聪的“钟馗打鬼”瓷杯（反面）

● 日军暴行挥泪扇

● 烧有《义勇军进行曲》歌词的彩瓷墨盒。这是为纪念“九一八”事变7周年而制作，也是最早将《义勇军进行曲》歌词烧制到瓷器上的陶瓷制品

看着别人把家里的东西噼里啪啦全搬出来，我真是太愉快了，拼命捡破烂。比如90年代初收购宣传画，每次赶场都要买两三捆，手提肩扛，满头大汗。开始，许多收藏界人士认为我不入流，我只是笑嘻嘻的，现在他们才明白，一般文物的价值十年增长十倍，‘文革’文物十年增长五十倍。一张宣传画三五块钱，至今增长百倍，我收藏了十余万张。”

## 现代文物市场是我买出来的

随着市场化的进一步推进，全国各地慢慢都形成了一定规模的古玩市场，各种文物频频亮相，大大小小的古玩市场生意火爆。“但一开始的古玩市场上全是文玩字画，很少有我想要的有关‘文革’‘抗战’这些近现代的东西，这个市场是我买出来的，”樊建川说，“看到毛主席像章我就买，没有了我就让古董商贩们帮我找。他们知道毛主席像章可以卖钱，就找来卖给我。以前靠捡靠要，搞几箱子就算不错了，还为那一点东西陶醉，但有了市场，一下子全变了。比如烟标，过去一个月都找不到一张新烟标，十年也就收了一千张。但有了市场之后，不费吹灰之力我就收到了一两万张。”

而且，逛古玩市场让樊建川感受到了新的乐趣。“逛地摊很快乐，会上瘾。成都的古玩地摊可能只输给北京。首先是结交五湖四海的高人，其次是捡漏。有一次，我只花了两块钱就买到了宋

援华美军飞虎队铜鹰标识

哲元将军的家谱。从 1990 年到现在，我淘了 20 多年地摊。逛地摊无拘无束，自由交易，琳琅满目，让我幸福而不觉时光流逝。后来我发现，十几年辛辛苦苦搜集的东西，不如市场上买两年。有市场是个很幸福的事情。”

慢慢地，每一个城市的古玩市场都有了樊建川的朋友，遇到了有关“抗日”“文革”的老东西，都会先想起他。“我在全国的古玩市场上建起了一个联络网，各地都有联络站，帮我收东西。这些人多数是古玩商人或收藏者，我们定期见面。我会告诉他们我想要的东西，他们有什么消息也会反馈给我，这是我收藏的主要渠道。”

有了这个网络，樊建川不再是一件件地收集，而是一批批地收。“例如 2005 年，我收到的集装箱有 300 多个，从全国各地来的，几乎一天一个，每天都要派车到成都火车站去拉。这些年花了不少钱买东西，全国任何古玩市场，只要是收集现代文物的，没有人不知道我，都跟我有直接或间接的关系。像我这样搞收藏，是绝无仅有的。近现代收藏市场的兴起，跟我是分不开的。现在我也经常要到市场上去逛逛，其实我不出去，东西也会源源不断地来找我。”

除了收藏的数量迅速增加，一些珍贵的文物也开始浮出水面。2004 年初夏的一个傍晚，樊建川突然接到一位长期合作的古玩商的电话，得知天津一位姓王的先生藏有一套日军的日记。樊建川非常激动，“关于侵华战争，虽然留下来的各种资料很多，但日记

● 抗战期间援华美军坠毁飞机坐椅。抗战中，飞虎队战机坠毁云南，文物保存完好。“大炼钢铁”的年代，险些被“回炉”。幸亏当时公社书记说：“这个椅子还结实，留下吧。”于是它成了书记的座椅。为了表示这是公共财物，书记用红笔在前沿写了个“公”字

12.8.25
我が家を後に
征途に上る
12.9.10
懐し故郷を後に
加納部隊卯野部隊本部
歩兵上等兵
荻島静夫

● 原侵华日军荻岛静夫的日记和影集。荻岛静夫于1937年8月入伍参加侵华战争，1940年回国。其日记、影集反映了包括淞沪、徐州、武汉等几次大会战的场景，披露了大量鲜为人知的史实类的东西在中国文物市场上却从未出现过。我立刻飞往天津”。王先生一直想把它卖给抗日战争博物馆，博物馆也很希望珍藏，可惜价钱谈不拢。得知樊建川正筹建全国最大的抗战博物馆，王先生便托人主动与樊建川联系。

日记共 7 本，与日记内容互证的还有这个日本士兵自己的影集，208 张照片，共 8 本。每本日记只有小孩子手掌大小，正好可以放入口袋中。本子是当年日军的制式出品，专为前线军人制作，附页上还有军人守则、“常用支那语对照”、伪满洲国地图等。根据日记本上附件的记录，可知这些东西是一位叫“王襄”的人于 1950 年收藏的。樊建川当即买下。

樊建川介绍说：“日记的作者叫荻岛静夫，曾是一个火葬兵，之后当过传令兵、武器发放兵。他从自己的视角记录了淞沪会战等重大战役。他从 1937 年 8 月参加侵华战争，到 1940 年 3 月回国，日记几乎没有中断。虽不足以构成完整的历史，但许多历史细节对研究抗日战争有着十分珍贵的价值，同时也是日本人自己写的侵华过程中种种残暴行径的铁证。可以肯定地说，这是目前国内保存的侵华日军最完整、最详细的战地日记。”这套《荻岛静夫日记》被评为国家一级文物。2005 年，人民文学出版社出版了该日记。

随着收藏市场对于近现代文物的认可度越来越高，樊建川常常在拍卖会上遇到对手。“我曾有几次失手，后来我了解是日本收藏家在和我争夺这些文物。日本有专门收藏‘二战’的专家，比我有钱。我想，你能到中国来收东西，我也能到日本去买。套用当年战争时期的用语，你可以扫荡，我也可以反扫荡。”从1996年开始，樊建川曾多次到日本收集二战期间和中国有关的文物。“1996年，我第一次到日本，在京都、奈良等地逛街时，发现当地的文物店铺里和地摊上竟有大量日本‘二战’时期的杂志、画报。我当即取消了其他地方的行程，开始收东西。见到就买，仅购买、翻拍的图片就超过30万张。比如当时的画报《历史写真》《支那事变写真全辑》《日支事变画册》《北支事变画报》《国际情报写真》《跃进之日本》等，我买了千余本，还有上千张日军的明信片、作战地图、信件、钢盔、望远镜、指挥刀、绑腿、指北针……最后，一个集装箱都给运回来了。那次带了30万美金，全部扔在那儿了。”

抗战胜利日那天的报纸，樊建川已经收集了很多，《大公报》《新华日报》《中央日报》等国内报纸，他都有。他希望也能找到一些日本这一天的报纸。“逛到一家书店，店主老头儿说阁楼上好像有，让我上去翻。那天特别闷热，我在里面翻了整整3个小时，终于找到当天的《每日新闻》，刊登了天皇颁布投降诏书的情况，内容很少。这张报纸后来与我收集的1945年8月15日《中央日报》《新华日报》《黄埔军校》号外以及《抗大》号外等一起，被评为国家一级文物。”

● 日本今日新闻社出版的侵华日军《不许可写真》。日本侵华期间，随军拍摄了日军部分残忍、血腥、变态、龌龊行为的照片，日本新闻检察官在审查时，盖上“不许可”，即不许可在报刊发表。1999年，日本今日新闻社收集大量当年“不许可”发表的图片，编印成此书

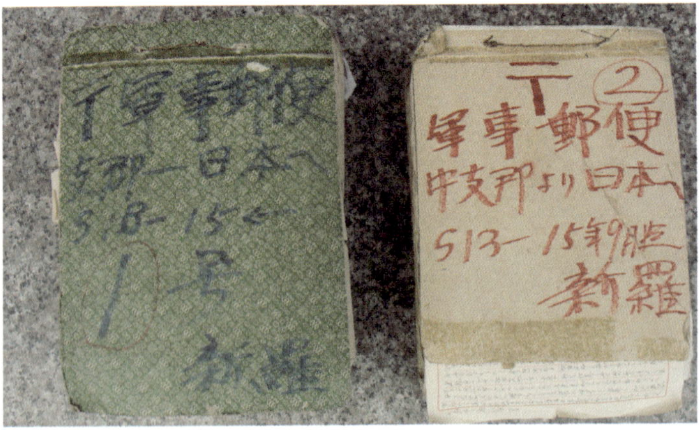


● 侵华日军新罗实藏的军事便邮。新罗实藏，松阪市镰田人。信件是其在1938年至1940年间与家人、朋友的通信。信中凡提及时间、地点、人名、江河等信息，均用“0”代替，而且由于私人信件均需部队审核后才能寄出，所以涉及部队番号、作战任务等信息，都做了大面积涂改

日本投降矣！

答覆四國接受規定條款

今晨七時四國首都同時正式公布

● *1945年8月15日，发表“日本投降矣”报道的《大公报》*

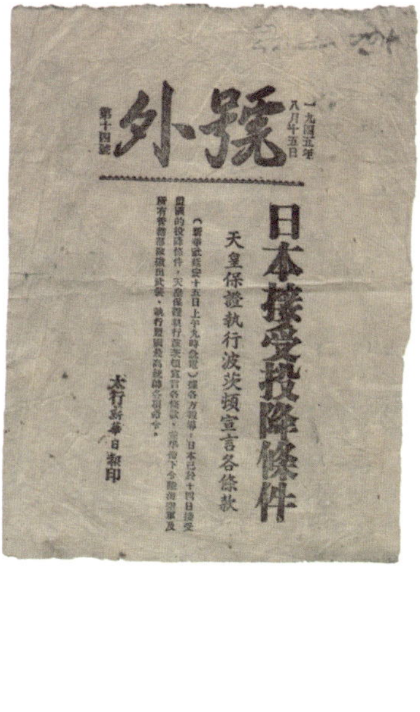

號外

第十四號

一九四五年八月十五日

日本接受投降條件

天皇保證執行波茨頓宣言各條款

太行新華日報印

● 太行《新华日报》发行的日本投降号外

毎日新聞

時局收拾に畏き詔書を賜ふ

四國宣言を受諾

萬世の太平開かん

新爆彈·慘害測るべからず

聖斷拜し大東亞戰終結

詔書

● 刊有日本投降消息的日本《每日新闻》报。1945年该报发表“大东亚圣战终结”，报道日本天皇投降诏书颁布

## “我是在收藏历史”

藏品越来越多，樊建川的收藏“瘾”也越来越大。“刚开始觉得把一件事情搞清楚很好玩，慢慢一件件事情连起来，越来越觉得好玩，觉得幸福、快乐，就跟吃鸦片一样丢不下了。然后觉得不够，还要查更多的资料，读更多的书，收集更多的文物，了解更多的事情，就这样进去了。”

说到川军，大家都会想起“双枪兵”的称号，意指川军除了

● 川军所用刻有抗日警语的旱烟杆

打仗用的枪以外，还一人一杆大烟枪。樊建川指着展柜里的旱烟枪说道：“大家一直有个误解，以为川军抽鸦片，其实就是旱烟枪，可能个别军官抽鸦片，但士兵是抽不起的。而且，这旱烟枪是制式装备，人手一把，上面还刻有‘好男儿上战场打日寇’的字样。

对历史文物进行考证是件艰苦的事情，但樊建川乐在其中，旧档案、日记，一看就是一天。有一次，他在研究一份档案，发现里面有一张报纸，很奇怪，反反复复摆弄半天也不明所以。看过档案中的内容才知道，这个“坏分子”解大便的时候，用印有毛主席像的报纸擦屁股，被揭发了，以至于这张报纸也放入档案。这些都不能打消樊建川的激情，更不用说生了虫子的档案、信件，甚至还有被尸水浸泡过的遗书。

每收到一件东西，樊建川都想知道它背后的故事，想认识这件东西的主人，这件东西是怎么留下来的。每当把一个个疑惑解开，他都会欣喜异常，“很多东西可以相互佐证，钻进去之后，就知道有多少激情、多少责任、多少感动了”。

因此，樊建川的收藏有三个标准：一是对记载历史有意义的；二是特别容易被人遗忘的；三是有标志性的，反映社会变迁的。他说：“年代、品质的考证是一方面，而对与其相关的历史事件的考证似乎更吸引我。因为追问历史的过程，就好像寻找、考证自我的过程。”近年来，他还收藏了三鹿奶粉、地震救援设备等。与其说樊建川是在收藏文物，不如说他是在收藏历史。

几十年来，樊建川买到的赝品也可以装满整整一屋子了。这也

● 国民革命军陆军军官学校抗战艺术胜利号，于1945年9月9日侵华日军投降仪式在南京举行之际出版发行，庆祝同盟国的伟大胜利

让他练就了好眼力。“现在看近现代文物，我应该算是一个水准很不错的收藏者。各种各样造假的方法，我基本上都能够识破，这是时间、金钱、教训堆积起来的本事。”

樊建川做事雷厉风行，一句“狗日的！”之后拍腿就干，不会瞻前顾后。

樊建川说，他有一个梦想：建一百座博物馆。

2012 年从北京回到四川，他就在安仁古镇建起了建川博物馆群落，至今已经开放了 30 座，还有 6 座即将开放。“我的博物馆主要是 4 个题材：抗战、红色年代、地震、民俗。因为里面很大，所以门票是 3 天有效，逛不完可以住下来，里面有客栈、酒店，我希望打造一个博物馆超市的概念。”

樊建川当过知青、做过老师、干过市长、开过房地产公司，但他说：“我就是个当兵的。我父亲是个老兵，他告诉我，当兵的就两件东西：一条命，是拿来战斗的；另外一件就是背包，里面有些日常用品，背包是拿来扔的，打仗就扔掉，打完了再背起来，打死了就是遗物。我的命就是建博物馆，建好的博物馆就是我的背包，所以我签了遗嘱死后全部捐给国家，公证书已经交给成都市人民政府了。”

据樊建川介绍，他将在雅安修建 20 座博物馆，包括中越自卫反击战、中印自卫反击战、进军西藏、茶马古道等题材。他还想建一个改革开放博物馆群，一年建一座，完成建一百座博物馆的梦想。

# 冯克力
## 从老照片中重新发现历史

■ “我们已经在编《老照片》第90辑了，”电话里传出《老照片》主编冯克力爽朗憨厚的笑声，带着山东人典型的豪爽与淳朴，“从1996年到现在，快20年了，我都没有想到。”

人们很容易将冯克力与《老照片》联系在一起，他已经成了《老照片》的代言人。多年来，收集、整理、编辑老照片，让冯克力对影像与历史的关系有了新的体会和认识：“十几年里，《老照片》所征集、刊布的照片，在经过了岁月的积淀之后，可能会看得更加清楚——哪些照片是有价值的，哪些是没有多少价值的，甚至有时对同一张照片，今天和过去的观感会形同天壤。”

为此，2013年他出版了《当历史可以观看》，“假如书名中没有这个‘当’字，表达的意思就不一样了。仅仅靠照片无法构建系统的历史叙事，但照片的介入，却使得传统的历史叙事不能不发生某些微妙的改变。有些时候就不好随心所欲地信口开河了，因为有相关的照片正在哪个角落里候着呢，不知什么时候就冒了出来，而且它是会说话的。”

## 老照片是历史的佐证

“文革”结束后，冯克力从部队复员被安排在印刷厂工作。从铸字到校对，他走上了一条从没想到过的轨道，直到如今，他依然自嘲说自己没读过书，言谈举止中充满了谦和。1979年，《山东画报》恢复出版，他应招做了一名编辑，从此开始了与照片打不完的交道。“我主要负责政治经济板块，做《老照片》这本书，与我之前在《山东画报》做编辑的经历有些关系，当时接触照片比较多，基本上是以处理照片为主，时间长了对照片有些感觉。这与编《老照片》有相通的地方。”

1993年底，《山东画报》编辑部升格为出版社，冯克力随之成了出版社编辑。在这里，他做的第一本书是《图片中国百年史》。这本书是以历史图片来反映1894年到1994年100年间的中国历史。他介绍说：“那本书是中央党校的老师参与撰写的，其语言、观点以及线索，都是严格按照官方正史编辑的，没有新的变化和突破。”不过，在编辑这本书的过程中，冯克力接触到了大量的历史照片，

● 清朝末年烟台祖孙三代人合影

“我记得当时中央党校几位老师组成的编辑班子，通过各种媒体、博物馆、档案馆搜集到6000多张老照片，用到书里的有3000张”。这是冯克力第一次感受到老照片的魅力，“有些照片虽然没有用到书里，但是非常有意思，有些离正史的线索比较远，有些涉及敏感的政治问题，和教科书中记述的历史有很大差异。我发现，照片有种独特的话语方式，是文字描述不能替代的”。冯克力对老照片最初萌发的感觉和认识，是《老照片》出版至今仍然坚持的。

在《当历史可以观看》中，冯克力借用“全息论”的说法来形容照片所定格的历史，“机体的每一个局部都是整体的缩影，贮存着整个物象的全部信息”。他说：“有时，一幅照片就像是社会机体的一个切片，所承载的信息远远超出了人们的想象。例如，我在书中提到的烟台一家子孙三代的合影。三人面前的桌子上摆着煤油灯、闹钟、水烟袋、紫砂壶等，显然是布置过，家里有点时髦或品位的物件都拿出来了，让我们看到了一百年前烟台民众的生活状态和生活细节。有时照片里毫不起眼的一什一物都有可能成为那个时代经济发展、中外交往和社会变迁的有力佐证。”

## 《老照片》一经问世就成了文化现象

几千张历史照片对山东画报出版社编辑们的震撼与冲击，让大家觉得不能把这些老照片埋没掉，应该充分加以利用。“最早提

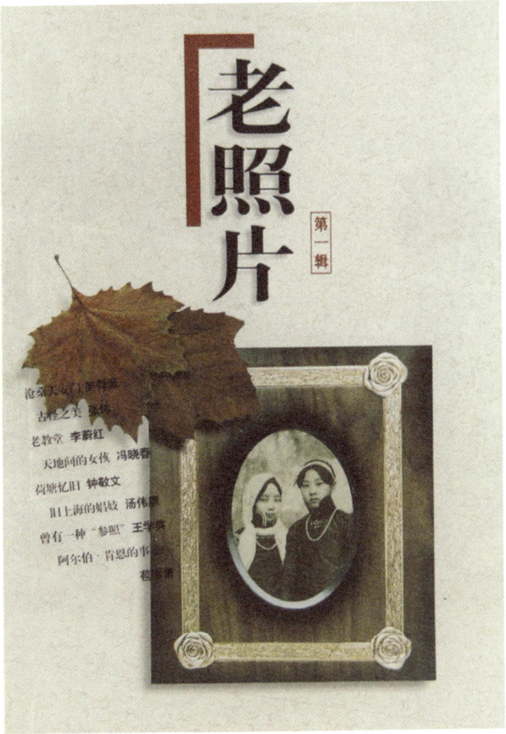


●《老照片》第一辑在1996年底一经面世，即风靡全国，创下单册发行30多万本的业绩

● 1996年夏，冯克力（右）与同事蔡立国（今已成为国内著名书装家）在商讨《老照片》第一辑的版式设计

出《老照片》创意的，是我们出版社当时的总编辑汪家明，”冯克力回忆道，“从 1996 年初开始策划，很快就做出了一套非常完整的策划方案，想要出版一个系列书，像刊物一样按照一定时间出版。他就把这个任务交给我了，所以，我做《老照片》既有个人的兴趣，也有组织上的安排。”

1996 年底，《老照片》第一辑出版。这一年，冯克力 42 岁，进入不惑之年的他没有想到，《老照片》能一举成名。

“当时我们预计最好也就发行两万册，因此开始就印了一万册，”冯克力回忆道，“我们出版社刚成立不久，还没有一个完整的发行网络，我就想到和我们有些业务往来的新体育杂志社。他们当时在办一个杂志《搏》，销量不错，而且，我觉得和《老照片》的受众群差不多，就请他们帮忙。”《搏》的发行渠道是全国大中型城市的报亭、书摊，杂志社担心书发下去收不回来，而且并不看好《老照片》的市场。

为了打开市场，让《老照片》能够有机会同更多的读者见面，冯克力下决心与《搏》杂志社合作，“帮我们试发三辑，每辑给他们五六千册，能收回来就给我结账，收不回来就全当我交学费了”。

书发下去不到半个月的时间，《搏》杂志社就来找冯克力补货，“我们出版社自己的发行能力非常弱，库里还有 2000 多册。这 2000 册全给了他们，又加印了 1 万册。之后就不断来要求补货。到第二辑出版的时候，第一辑已经连续加印到四五万册了”。

《老照片》一下子在全国火了，人人都在谈论这本书，包括电

● 1997年春，北京三联韬奋图书中心举办“老照片与《老照片》”展览及研讨。左起：冯克力、杨进、汪家明、刘瑞琳。汪家明为《老照片》出版创意者，刘瑞琳也深度参与了《老照片》的草创，如今他们二人都已成为出版界的风云人物

视台、报纸等众多媒体争相报道，《老照片》成为一种文化现象。随着社会关注度的提高，前四辑《老照片》在很短的时间内，就发行到了 30 多万册。这完全超出了冯克力最初的期望和想象。《老照片》的火热一直延续到 1998 年，此后印数开始逐渐回落，到第十辑的时候，每辑发行量基本稳定在两三万册了。开始时，《老照片》是一个季度一期，出版了两三年以后，把出版频率加快了，改为两个月一期。现在《老照片》的经济效益，主要靠合订本。

## 从历史的维度重新认识老照片

编辑《老照片》之初，冯克力遇到的最大困难就是稿源稀缺。明知在官方的相关机构和民间，肯定存有大量的老照片，但短时间里将它们挖掘出来，并非易事。冯克力说："这些年出去约稿，不知多少次听人说，家里原先有很多照片，可惜'文革'抄家时被洗劫一空。民国年间有条件经常照相的人家，要么在社会上有一定地位，要么经济境况较好。而这样的人家，正是那场革命要整肃的。"

冯克力只有发动身边的所有朋友帮忙，同时拿着约稿信到各个单位探访。"那时候书还没出来，我只能挨个跟人家解释，这是一本什么书，我们要怎么做，需要什么方面的资料。这个过程中，碰的钉子多了。"他印象最深的一次是，南开大学的朋友介绍他到天津档案馆查材料。“我到了之后，人家就管我要介绍信。我拿出我们出版社的介绍信，他一看说不行，从济南到天津档案馆来查档，必须开省一级的介绍信才行。我说，我不能为这么件事去省政府开介绍信，人家也不理我啊。怎么解释，他们都不答应，即使没有省政府开的信，也得有省委宣传部开的信。他们档案部门属于保密单位，不能随便进来查。虽然有朋友带着去，但最后也没有让我查。”

除了碰钉子，也常有意外的收获。冯克力通过朋友引荐，从山东省博物馆获得一本原存于烟台市公安局的敌伪档案。“照片贴在一个黑漆硬壳的账簿里，每页有两三张，共 200 多张，绝大部分拍摄于 20 世纪初的烟台及其周边。这批照片原存于烟台市公安局的敌伪档案中，是解放初期从当地的外国教会没收的，80 年代初期被博物馆作为文物收走了。”此类作为敌伪档案后被档案馆、博物馆收集的老照片，冯克力在吉林省档案馆也见到过一批。其内容是 1948 年长春被解放军包围时，被邮局积压的国民党军官的家信。冯克力认为：“80 年代，这些老照片被公安局从敌伪档案中剔出，移交给相关文物部门，有了重见天日的机会。这件当年悄悄发生的事情，折射的却是中国社会的重大转折。”

《老照片》创办之初，新华社摄影部的图片资料室是冯克力经常光顾的地方，受益很多。“90 年代初，新华社的图片资料开始对外开放，只要凭单位介绍信，就可以查阅，价格也很便宜。一张 5 寸黑白照片，连制作费和使用费，一共 55 元。起初开放程度很高，

20世纪初，山东烟台的一座教堂里内设的育婴堂，专门抚养被遗弃和流浪的孤儿

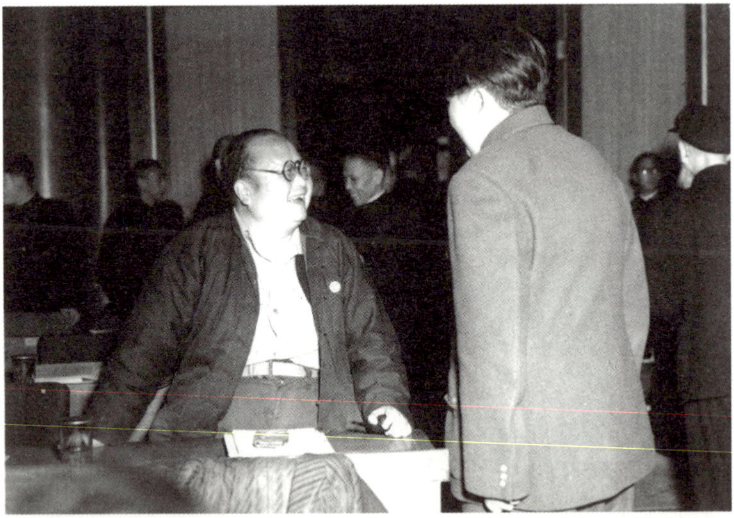

● 1951年10月23日，全国政协一届三次会议休会期间，毛泽东与著名社会学家潘光旦热切交谈。面对毛泽东的问候，右腿截肢的潘光旦拄着拐杖从座位上欠起身，用握着烟斗的另一只手撑着桌面，微笑着与毛泽东搭话。由于照片中毛泽东只是留下了一个背影，因此该照片被归为“不宜发表”之列，遭到雪藏，在资料库中沉睡了几十年无论涉及领袖还是历史重大事件的照片，都不需要特殊的审批手续。但没两年，审查手续复杂了，很多照片都不再批准使用了。奇怪的是，有些当年不宜发表的现在公开了，而当年大张旗鼓宣传的，现在变成'不宜发表'了。"

这让冯克力对老照片有了更深一层的认识："一些新闻照片，从历史的维度重新认识和估量，我们会有一种新的视角和尺度。假如各个报社把当年枪毙掉的新闻照片搜寻出来，结集出版，我们半个世纪以来的新闻摄影史，会不会要因此做一些改写呢？"

## 收集老照片是在收集历史

近年来，老照片成为收藏界追捧的热点，价格一再创出新高。但冯克力坦言，虽然自己搜集老照片多年，但他并不收藏。即使他曾经常去一些旧货市场转转，也只是为解稿源紧张的燃眉之急。《老照片》创办之初，他每次到北京出差，只要赶上周末，都会抽空去潘家园转转，"那时候买照片很便宜，一张老照片多数都是二三十元、四五十元，好一点的一两百也能买下"。

与收藏者的标准不同，冯克力一旦感觉照片上的信息有些价值，不管是原版还是扫描复制后做旧的冒牌货，他都会蹲下来与卖主还价。在他看来，原版的老照片也好，翻拍的老照片也好，电子版的老照片也好，只要画质过得去，印到书上就并没有太大分别。

● “文革”期间，地质部批斗现场

他对于作为信息载体的那张纸并不太在意，更关心照片所定格的历史信息是否珍稀。

不过，在潘家园，他也确实收到过比较珍贵的老照片，“那是一本 1967—1968 年期间，记录造反派在地质部一些活动的照片，包括集会、斗当权派、武斗等场面。一本共 200 多张，我 200 多元就把它买下了，算下来一元钱一张”。《老照片》的稿费预算不高，随着老照片的市场价格越来越高，20 世纪 90 年代后期冯克力很少再去潘家园碰运气了。

《老照片》出版一段时间之后，吸引了很多收藏家投稿。“起初，扫描技术还不是很普及，人家都是把原版照片寄来，我们扫描之后，再寄还回去，其中有很多珍贵的收藏。”台湾著名的老照片收藏家秦风先生，就是《老照片》多年来的作者之一。

冯克力说：“秦风当时是《中国时报》的记者，到北京来采访，住在华侨宾馆。晚上，他去逛三联书店，看到了《老照片》，当时《老照片》出版到第三辑，一下买了 3 本。第二天，他就直接给我们编辑部打了个电话，先做了自我介绍，然后说：‘我非常喜欢你们编的这本书，创意很好，但是照片画质还不算特别好。我有兴趣给你们投稿，可不可以？’我一听说是台湾来的，还要投稿，非常高兴，就问他要投哪方面的题材，他跟我卖了个关子，说：‘我先不跟你说呢，回去之后我整理一下，发过来你再看看。’”

没过几天，秦风就寄来一部分照片和稿件。照片的内容是“蒋经国和他的家人们”，主要是反映蒋经国和他的夫人、孩子的日常

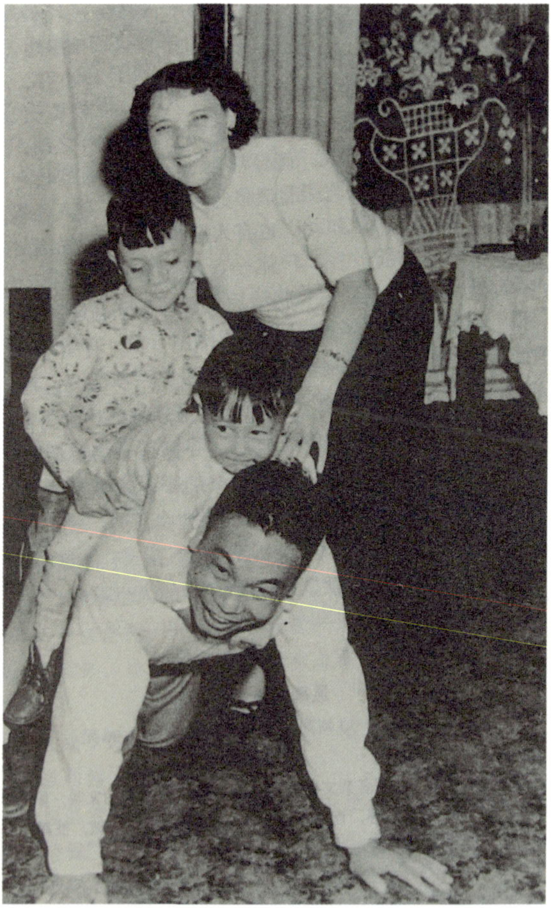

● 蒋经国夫妇在家中与孩子嬉戏

生活。“我记得有一张是蒋经国趴在地上，他的孩子骑在他身上。那时我们和台湾还处在比较隔离的状态，从没见过这样的照片，当即决定刊登了。从那以后，几乎每一辑都有他提供的稿子，正好弥补了我们这一段历史的空白——一个是对民国社会政治经济的正面呈现，一改我们曾经对民国落后、黑暗等片面的认识；另外就是1949年以后台湾发展的过程。”

冯克力对于秦风的支持非常感激，“我想，他在台湾购买那些照片应该比较贵，但我们给他开稿费还是按照国内的标准。他并不是为了我们给他的百十元钱稿费，而是觉得《老照片》的历史文化追求和他比较契合”。

在呈现了数以千计的老照片以及那些老照片所讲述的故事之后，冯克力在《当历史可以观看》一书中，还讲述了这些老照片背后的故事，分享了多年来征集、编辑老照片的亲历亲闻——讲述“照片遭遇之种种”，回顾老照片被抄检、被藏匿、被销毁、被涂改的历史。冯克力喜欢借美国文化评论家、小说家苏珊·桑塔格的话阐述自己这么做的理由：“所有的照片，都会由于年代足够久远而变得有意味和感人。”

陈丹青为冯克力的《当历史可以观看》作序说：“《老照片》一举勾销了摄影与照片的异同，同时，公众与私人、历史与家庭、阅读与观看的关系，均告合一。”冯克力对此表示赞同：“我想这就是我们的目标。对《老照片》来说，从公众与私人来看，中国传统正史的叙事，只专注于朝代更替之类的经国大事，往往忽略百姓日常生活的细节，殊不知这些司空见惯的细枝末节，其实是在默默生聚并传递更深层次的时代信息。比起那些宏大叙事来，百姓的家藏老照片显然保留了更多的个体生命的温度。我们要注意，这温度既是个体的，同时也是时代的。”

# 老舍

## 藏画一生，爱画一世

“老舍先生爱画，爱看画，爱买画，爱收藏画，爱挂画，爱和画家交往，爱讲看画的心得，总之，是个‘画儿迷’。”老舍先生的儿子舒乙如是说。

2013 年 4 月 24 日上午，中国现代文学馆展厅里举行了一场特别的画展，“老舍、胡絜青珍藏字画捐赠展”。老舍的子女将父母珍藏了 60 多年的一批极有艺术价值的中国美术代表作捐献给中国作家协会，保存在中国现代文学馆里。这批画作共有 13 幅，其中 8 幅是齐白石的，3 幅是傅抱石的，1 幅是林风眠的，1 幅是黄宾虹的，都是早已闻名天下的杰作。其中有齐白石的《蛙声十里出山泉》、傅抱石的《桐荫图》以及齐白石以苏曼殊的四句诗为主题创作的《手摘红樱拜美人》《红莲礼白莲》《芭蕉叶卷抱秋花》《几树寒梅带雪红》等精品。

在同年 5 月 10 日的嘉德春拍上，“老舍胡絜青藏画”专场上拍了 16 件作品，包括齐白石 8 幅、黄宾虹 4 幅、吴昌硕 2 幅、傅抱石 1 幅、于非闇 1 幅，最终全部成交，成交额为 1.676 亿元。舒乙代表老舍的 4 位子女表示，所得资金将全部用于建立老舍文艺基金，赞助中国老舍研究会、北京市老舍文艺基金会、老舍文艺奖、北京老舍纪念馆、青岛骆驼祥子博物馆、重庆四世同堂博物馆等。

老舍对画的痴迷是出了名的，此前，在不少文章中，或多或少看到过老舍收藏的小故事，零零碎碎，难以梳理。于是，笔者与舒乙先生相约到他家采访，专谈老舍先生的藏画。

## 老舍收藏书画是种“幸福”

在一篇名叫《恋》的短篇小说里，老舍这么写道：“在北平的琉璃厂，我们都常常可以看到两种人。第一种是规规矩矩，谨谨慎慎，与常人无异的。他们假若有一点异于常人的地方，就是他们喜欢收藏字画、铜器或图章什么的。这些人大致都有点学识。他们手中一有了余钱，便花费在使他们心中喜悦而又增加一些风雅的东西上；第二种人便不是这样了。他们收藏，可也贩卖。他们看着似乎风雅，可是心中却与商人没什么差别。他们的收藏差不多等于囤积。”

这前一种，算是他对自己的真实写照。老舍收藏画到底从什么时候开始，舒乙回忆道，早在老舍去伦敦讲学的时候，就开始收一些小画片，包括带画的明信片在内。“那时他的工资很少，一年 250 英镑。在他提出请求之后，才涨到 300 英镑。虽然生活很拮据，但还是买了很多画册、画报回来。1929 年夏天，他在回国之前，到欧洲其他国家参观旅游了 3 个月，去了不少知名的博物馆、画廊和古迹，购买了一批画册和画片，包括伦勃朗、米开朗基罗等人的作品。后来，这批东西跟着他到了济南、青岛，经常拿出来翻看。可惜，抗战时，绝大部分丢在了济南，连同他的藏书，全军覆没。”

老舍曾一再说，在各种艺术中，他“很喜欢看画”，“特别喜爱图画”。“在穷苦中，偶尔能看到几幅好画，精神为之一振，比吃了一盘白斩鸡更有滋味！”他甚至把欣赏到一幅好画称作一种“幸福”。

从英国回来后，老舍到济南的齐鲁大学任教。1933 年，老舍的好友许地山也已从英国归来，住在北京西城，离齐白石所住的跨车胡同很近，而且与之过往甚密。于是老舍写信请许地山代为向齐白石求画，按当时的润笔付酬。画好后邮到济南，打开一看，是一张《雏鸡图》，堪称精品。“《雏鸡图》，白石老人画过不止一张，但这一张却不同寻常。画幅相当长，裱好之后矮一点的房子竟挂不下。画的右上角是一只鸡笼，笼的构图立体感很强。笼盖刚刚打开，一群小绒鸡飞奔而出，跳满整个画面。笼内还剩一只，在打蔫，另一只则刚醒过来，张开小翅膀，飞着就出来了，唯恐

齐白石《红莲礼白莲》

落了后……”舒乙描述得活灵活现，“他如获至宝，喜爱得不得了，精心托裱成长轴，只在家庭的重大节日才张挂几天。”

老舍到了武汉之后，和画家来往渐多，藏画也渐渐多了起来。最早出现在重庆阴暗小屋中的画有林风眠的山水、赵望云的乡间小景、徐悲鸿的雄鸡，还有沈尹默的书法。新中国成立后，老舍的藏画与日俱增。家里客厅的西墙是他挂画的主要阵地，虽然仅能并列4幅，但架不住老换。在文艺界的朋友们之中，此墙获得了“老舍画墙”的美称。

老舍对自己的藏画不叫收藏，而叫“积藏”。老舍说，他喜爱画，“但不是收藏”，原因有三：一是“不会鉴别古画的真假”，二是“没有购置名作的财力”，三是“不爱那纸败色退的老东西”。在他的“积藏”里，“没有苏东坡与王石谷”，几乎都是中国现代书画家的作品。

值得一提的是，老舍还收藏了大量京剧名伶所画的扇子，“这逐渐成为老舍的一个专项收藏，而且，这个专项很难找到第二人”。舒乙介绍道：“他和这些演员非常熟。其中有几位是莫逆之交，包括梅兰芳、马连良、荀慧生等。他们经常在一起，下小馆喝喝酒。由于这种接触，他知道这些人都会画画。这些京剧老演员有一个特点，在他们学徒以及成名的过程中，都有很多大文人帮助过他们，有的帮助写剧本，有的帮助排演。由于受这些大文人的熏陶，他们的文化素养都比较高，文人气质很浓。于是，老舍开始特意收集他们所画的扇子，多数能叫得出名字的名家、名角的都有。”

齐白石《芭蕉叶卷抱秋花》

尽管老舍与名伶们关系密切，但他却不向他们求画，而是自己去收集。“费很大的劲儿去淘换，这是乐趣！然后，出其不意，向表演大师本人出示这些作品，看着他们惊讶的样子，老舍那份得意就甭提了。”舒乙回忆道。

有一次，梅兰芳的琴师徐兰沅给老舍送来了一把梅兰芳画的扇子，是一幅牡丹。原来，梅先生演《晴雯撕扇》时，必在上台之前，亲笔精心画一张扇面，带到台上表演时撕掉。徐先生知道老舍收藏扇子，散戏后偷偷把撕掉的扇子捡回来，请裱画师贴好送给老舍。老舍为梅先生在艺术上的一丝不苟而赞叹不已，多次向朋友出示这把扇子，高度评价梅先生的认真勤奋。

经过十几年的辛勤收集，老舍收藏了163把名伶的扇子。其中有梅兰芳、王瑶卿、陈德霖、奚啸伯、裘盛戎、叶盛兰、侯喜瑞等，足够开一个名伶扇画展。老舍晚年的一大爱好便是请朋友们来家中观看这些扇子，大家也把这种参观当成一种难得的艺术享受。

舒乙说：“之所以有‘163’这么准确的数字，不是他本人统计的，也不是家人统计的，是抄家的人统计的。1971年，老舍已去世5年，‘四人帮’决定‘鞭尸’，起因是那一年苏联翻译出版了老舍的小说《猫城记》，发行70万册，同时在特瓦尔多夫斯基主持的《新世纪》杂志上全文连载。苏联的评论说，老舍早就预见了‘文革’，《猫城记》里打老师，杀老师，烧书，都写了。”

“凡是敌人拥护的我们就要反对。”苏联大捧老舍，“我们”当然得大批老舍。再加上老舍曾被“刘少奇在文艺界的代理人”周扬捧为“五四以来的进步作家”，还被彭真授予“人民艺术家”的称号，当然就更要打翻在地再踏上一万只脚了。

随之而来的是抄家，来的不是红卫兵，而是政府的一大批专家。抄走的东西，有详细的清单。其中，专管抄古董、字画的专家看到老舍收藏的扇子，一看都是京剧名伶的作品，说：“这不是艺术品！”这些专家不但走了眼，而且蔑视京剧演员。清点扇子后记下：“扇子一捆，163把。”这些扇子被抄走后全部流失，一把没剩。

舒乙说，老舍收藏的这些画作的一大部分在两次浩劫中损失掉了。“一次是‘文革’，另一次是在抗战爆发之后。老舍从济南到了武汉，那时我们太小，和母亲留在济南。后来又随母亲回到北平的娘家，躲避战事，很多图书、字画基本上都保存在齐鲁大学里。当时谁也不知道要抗战八年，而且，齐鲁大学后来成了日本军的兵营，这批书和字画的下落没人知晓了。”

## 藏品蕴含老舍与画家间友谊

多年的收藏，让老舍有幸和不少当代的大画家成为好友，北方的有齐白石、溥雪斋、于非闇、陈半丁、李可染、叶浅予，南方的有傅抱石、黄宾虹、林风眠、丰子恺、关山月、关良等。

老舍、胡絜青夫妇与齐白石的交往颇深。解放后，胡絜青参加了妇女学习班、国画研习会，慢慢接触了一批画家，对绘画产

● 于非闇《秋山红树图》

生了浓厚的兴趣。此时，老舍先生担任了北京文联主席，又是全国政协委员和全国文联副主席，有机会和齐白石相识，还在各种文艺集会上经常相遇。

1951 年的一天，文艺界的朋友们聚会于齐白石的画室，胡絜青当众表示非常愿意向齐老人学画。在朋友们的鼓舞下，胡絜青向齐白石行跪拜礼，成了齐白石的正式女徒弟。从此，老舍夫妇常常结伴而行，频频出入于齐白石的府上。

舒乙说道，此次捐赠给作协的 13 幅画作中，齐白石名作《蛙声十里出山泉》和《凄迷灯火更宜秋》便蕴含着老舍与齐白石之间的友谊。“1951 年，老舍先是选了苏曼殊的四句诗，向齐老人求画。老人很漂亮地完成了四幅作品。随后，老舍又找了四句表现难度更高的诗句再向老人求画，其中最难的就是查初白（慎行）的‘蛙声十里出山泉’和赵秋谷（执信）的‘凄迷灯火更宜秋’这两句。”

在舒乙的记忆中，流传着这样的说法：老人得到命题后，冥思苦想了三天三夜，终于找到了灵感，提笔完成了奇妙构思的绝品。其中的《蛙声十里出山泉》，他用重墨在纸的两侧画了山涧，急湍的山泉在山涧中流淌，水中游曳着六只小蝌蚪，上方用石青点了两个青青的远山头。画中不见青蛙，给人一种想象，蛙声传出了十里之遥。画作完成之后，老舍将其挂在了客厅的西墙上。“来家里做客的文人、画家很多，消息立刻传出，轰动一时，成为中国画坛的一桩大事。老舍对于齐老人的聪明、才气倍加赞赏，称他为世界级的美术大师。”

汪曾祺也曾撰文回忆道："老舍先生极其看重齐白石，谈起来时总是充满感情。我所知道的一点白石老人的逸事，大都是从老舍先生那里听来的。壁上所挂的画是时常更换的。挂的时间较久的，是白石老人应老舍点题而画的四幅屏。其中一幅是很多人在文章里提到过的'蛙声十里出山泉'。'蛙声'如何画？白石老人只画了一脉活泼的流泉，两旁是乌黑的石崖，画的下端画了几只摆尾的蝌蚪。画刚刚裱起来时，我上老舍先生家去，老舍先生对白石老人的设想赞叹不止。"这张画的故事上了小学教科书及齐白石的几种传记。此画还正式出版了国家邮票。

故事至此还没完，2011年，北京文史研究馆的《北京文史》杂志改版，向舒乙约稿，舒乙写了篇题为《齐白石和老舍、胡絜青》的长文章。文章发表时，竟然同时刊登了老舍先生当年求画的原信，信下面注明是"北京画院供稿"。舒乙说："当时看到这封信着实让我大吃一惊，原来老舍的求画信中，除了那四句诗，后面他又用红毛笔写了绘画的构思，其中关于怎么画《蛙声十里出山泉》，老舍写道：'蝌斗四五，随水摇曳；无蛙而蛙声可想矣。'"可见那时，老舍与白石老人之间友谊的真诚和无间。在信的最后，老舍还写道："附奉人民券三十万，老人幸勿斥寒酸也！老舍拜。"舒乙解释说："这四幅画一共三十万，其实就是三十块钱。当时齐白石的画很便宜，一方尺一块，工笔草虫加一块，西洋红加一块。因为西洋红要用进口的原料，比较贵，所以要加成本。"

老舍与很多南方画家的相识始自抗战的重庆时期，其中有现代山水画大家傅抱石先生，他们的友谊一直延续到 20 世纪 50 年代。舒乙介绍：“那时，傅先生在南京主持江苏美术学院和江苏美协的工作，是南京画派的领袖，名气很大，创作力旺盛，佳作不断。他是人大代表，每年到北京开会，老舍总要尽地主之谊，邀请傅先生到家中做客，下小馆叙旧。”

1953 年秋，傅先生到北京来，照旧被老舍请来家中做客。舒乙回忆道：“谈话之中，突然老舍提到一张叫《桐荫图》的旧作。傅先生吃了一惊，原来这是一张傅先生自己很喜爱的画。画的是重庆金刚坡下的旧居，屋子建在几株高高的梧桐树下。傅先生用他的大泼墨和多层次的丰富笔法将整个画面布满了梧桐枝叶，郁郁葱葱，生机盎然。树荫下一间小茅屋，看得见屋内有三个古人在赏画。当时，郭沫若曾见过此画，颇为欣赏，很想收藏，傅抱石竟然没给。时隔十年，想不到老舍还记得这张画，无意之中问了起来。傅抱石先生立刻受了感动，连忙回答：‘还在，还在。’接下来老舍先生向他求画，他允诺，并没有多说什么。”

回到南京，傅抱石将《桐荫图》找出来，郑重其事地在绫子圈的左下方用毛笔字写了一篇题跋，共计 133 个字，将这幅图的来龙去脉，叙述得清清楚楚，并派专人将此画带到北京，赠给了老舍夫妇。

老舍对画家朋友的关心，从没有间断过。从在齐鲁大学任教，到抗战期间在重庆担任全国文艺界抗敌协会的总务部主任，再到解放后，他结识了大批的新老画家，为他们出画集、办画刊。

● 齐白石《蛙声十里出山泉》

● 陈半丁《群仙庆寿图》

1949年之后，他关心画家生活，调理老画家们的思想情绪，还经常亲自开列贫困画家名单，送赈济款，有时还自掏腰包给予照顾。他和画家们一起建立了“北京中国画研究会”以及“北京中国画社”。

在舒乙讲述的老舍先生收藏经历中，几乎听不到有关金钱、价格的描述，说的、藏的却都是现代书画的精品。老舍先生之所以因收藏结交众多画家朋友，惺惺相惜，情同知己，皆因老舍不但爱画，而且懂画。他收藏的很多作品，多数为朋友馈赠，其中多为有钱也无法购得的稀世珍品，而每幅画所蕴含的“友谊的价值”，更显弥足珍贵。

## 老舍评画是一大乐趣

胡絜青曾写过这样一段话：“我有一个好家庭，丈夫一辈子从事写作，虽然他自己的作画水平不及一个幼儿园的孩子，却偏偏天生地有一双鉴赏家的眼力，评论起来头头是道，加上为人热情，喜好结交画家，家中常常画家如云，墙上好画常换，满壁生辉……”

老舍在自己的文章中一再说他“不懂画”，“不懂绘事”，是“外行”，“看我们看不懂的事物，是很有趣的；看完而大发议论，更有趣。幽默就在这里。怎么说呢？去看我们不懂得的东西，心里自知是外行，可偏要装出很懂行的样子。……只要有图画看，我总得去看看。因为我对于图画是半点不懂，所以我必须去看，表示我的腿并不外行，能走到会场里去”。

实际上，早在20世纪30年代，老舍便开始公开发表观画感或评论。据粗略统计：从1933年初为《海岱画刊》写发刊词，到1963年登岳阳楼题胡絜青《三秋图》画稿诗，30年间，老舍公开发表的评画文章和画集序文达23篇，还有数篇有关绘画的散文；为画家画稿题词赠诗已发表的达几十首；被老舍评论或点评到的有名有姓的画家足足在40人以上。

舒乙也还记得：“老舍对美术有极高的见解，平常他跟朋友之间谈话，有很多内容涉及美术。很多人碰到有关书画的问题，也经常来请教他，甚至求他帮助买画。经常看见他指着那些画给客人详细介绍，这张好在什么地方，那张里有败笔在什么地方，说得极其透彻。他有一个非常厉害的观点，他不强调技巧，不强调笔墨，判断一张画的好坏，第一个标准是这张画传没传递一点‘新’的意思。如果只是纯粹的技巧表演，就没有意思，不是大艺术品。”

到老舍先生家做客，观画成了必不可少的内容，是众人公认的一大乐趣。如果谈得投机，老舍还会由书房壁橱里取出更多的画来展示，一边看一边充当讲解，“听他谈画是莫大的享受，往往令人流连忘返”。

老舍对于书画的收藏也许早已超越了他的初衷，广博的书画理论知识，穿透力极强的读画慧眼，对同时代书画界及画家们的全面了解和深刻观察，再加上一直以来的热情、酷爱，老舍影响的是一代中国画人。当时的众多画家，无不以能交上这样一位真诚的朋友而感到荣幸。

# 吴氏家族 五百年积累下的收藏世家

■ 作为著名剧作家吴祖光、戏曲演员新凤霞之子，故宫博物院创办人之一吴瀛之孙，吴欢生长在一个历史悠久的文化世家。吴氏家族是常州宜兴最大的官宦世族之一。据光绪年间的《宜荆吴氏族谱》及《宜兴县志》记载，以及近年发现的《北渠吴氏宗谱》证实，从明朝至今，吴氏家族已传22代。明清两朝，吴氏家族出过42位进士，其中吴国华是崇祯七年（1634）的榜眼，官至礼部尚书，吴宗达是万历三十二年（1604）的探花，官至大学士（相当于宰相），吴中行于万历年间任翰林院掌院翰林……可谓世代书香，数百年而不坠。

因此，说到收藏，吴欢解释说：“我家的收藏，多数都是继承的，买来的少。我们家是十几代的官宦世家，这些藏品都是历代长辈积攒起来的。所以，我和时下喜爱收藏的多数人不太相同，没有什么淘宝的经历，主要靠继承，被人称为收藏家有些不敢当。”吴欢讲述的家族收藏故事，展现出一个家族500年来的风云激荡及其所见证的中国文化演变进程。

## 吴氏家族开创的紫砂文化

随着收藏市场热度的不断提升，紫砂壶的收藏也成为众多藏家关注的焦点。宜兴紫砂壶由生活器皿升格为艺术品而驰名海内外，与吴氏家族有着密不可分的关联。紫砂壶第一次作为艺术品展出，便陈列在宜兴进士吴仕家的楠木厅中，而历史记载中第一位紫砂壶著名工匠供春，也出在吴家，供春壶早已成为紫砂收藏中难得一见的珍品。

据《宜荆吴氏族谱》记载：明朝吴仕的曾祖吴以德、祖父吴玉、父吴纶，经历几代人的努力经营传承，到吴纶时已家产丰厚，拥有“田万亩，山万峰，园以畦计，泉池以泓计，树株计，竹荻苇数千，牛羊蹄千，僮指千”。除城中有房产外，在城南郊还有“南樵”与“渔隐”两处别墅。吴纶之子吴仕（字颐山），明武宗正德九年（1514）中进士，官至四川布政司参政，有《颐山诗稿》十卷传世。

吴纶、吴仕父子偏嗜茗茶，与当时江南一带的书画文人名家如沈周、董其昌等往来密切，据《宜兴县志》记载：“明万历十八年，吴纶字大本，以子仕贵封礼部员外郎。自垂髫时形癯神异常，不乐仕进，雅志山水，日与骚人墨士往来倡酬，于其中有陶然自得之趣。性喜茶，于名泉异，悉远致而品尝之。焚香静坐一室，或读太史公传、诵陶靖节诗，或临写唐子西，山静似太古，章遒然赵松雪笔法，人争得之。春和秋爽，载笔床茶灶，随以一鹤一鹿，遨游于武林吴苑间，时身拜驰恩而葛巾野服，逍遥如故，人望之皆指为神仙侣也。寄号心远，寿跻八十有三。”晚年，吴纶早已无意仕途，成为一位醉心山水的“茶痴”，对茶有特别的爱好，在“武林吴苑”间遨游，与当时“骚人墨士往来倡酬”。这些文人墨客中，就有“吴门四家”（文徵明、沈周、仇英、唐寅），其中文徵明还留下了《谢宜兴吴大本寄茶》的诗文。

吴纶、吴仕最早把宜兴紫砂从一般的生活器皿提升成为艺术品，开创了紫砂壶艺术的先河。至今紫砂艺术已风靡全国乃至海外，在拍卖会上屡破千万佳绩。

“供春”是历史公认的宜兴紫砂艺匠代表人物，其作品“供春壶”更是享誉后世。从明朝后期开始，便有很多人对“供春”其人进行过考证。如明代学者刘銮《五石瓠》载：“宜兴砂壶创于吴仕之仆曰供春者，及文而名，人称龚春。”经过数百年的研究，“供春”是宜兴吴家仆人这一点已经成为共识，但在其姓“龚”或“供”及性别上还有分歧。

明末江阴周高起认为，供春是女性。周澍《台阳石咏》注：“供春，吴（仕）颐山婢名，制宜兴茶壶。”

● 供春壶

宜兴吴梅鼎《阳羡瓷壶赋》序云："余从祖拳石公读书南山，携一童子，名供春。"这便是后来学者认为"供春"是吴仕书童的根据。因吴梅鼎是吴氏后裔，他的说法也为一般人所认可。而查证有关资料，实际上，"供春"是吴仕之父吴纶的婢女，从小跟着吴纶，后又跟随吴仕。

明代中期，宜兴的制陶业已经形成较大规模，特别是粗陶，在如今的长三角一带占有绝对优势。一群和吴纶相似的文人茶客，对当时刚兴起的精细陶质茶具兴趣很大，特别是金沙寺的僧人，周边都是茶园，日夜和"皇上"才能喝的贡泉做伴，喜茶是肯定的。

清嘉庆《宜兴县志》卷八《隐逸》记载："吴纶字大本，性耽高尚，创别墅二于溪山间，南曰樵隐，北曰渔乐，逍遥其中，自拟陶潜，号心远居士。”吴纶所创的“樵隐”“渔乐”两所别墅现已不知所踪，但我们可以想见，其一肯定是在宜兴南部山区，按吴纶本性，应该就在金沙寺附近，所以会有吴仕带家童读书“颐山”之事。

《阳羡茗壶系》中说：“颐山读书金沙寺中，供春于给役之暇，窃仿老僧心匠，亦淘细土抟胚。茶匙穴中，指掠内外，指螺纹隐起可按，胎必累按，故腹半尚现节腠，视以辨真。”吴仕自取名号曰“颐山”，供春作为其婢，在空闲时，偷偷向金沙寺老僧学习制壶之法。而台湾徐鳌润先生考证说，在《颐山私稿》里，吴仕并没有说明有寄学金沙寺之事，所以很难说有“供春金沙学艺”的事实。实际上，从前文可知，吴仕“寄学金沙”虽不一定实有，但读书“颐山”是可能的，因为他父亲在此是修有别墅的。

当然，有人还猜想：供春仅仅一家婢，竟然能作树瘿、仿古诸式，落款亦能书铁线小篆，所以传说是吴仕本人“研求式样，代为署款”。吴欢表示，紫砂这门工艺虽出于民间匠人，倘若不与文人士大夫阶层联袂，不可能有高品位的追求与日后的发展，“供春”的传说，落在实处，乃是吴纶、吴仕父子的替身而已。其实，供春所做之壶，究竟是何式何样，落款是有是无，因没法找到实物已无从考据。

不过，吴仕构筑的豪宅“吴仕楠木厅”，至今仍在。这座宅第坐落在宜兴西庙巷与白果巷间，有前宅、中宅、后宅三进，均为楠木结构。以后几易其名，成为其后人藏书、藏壶、交友的著名处所。

如今吴家老宅“吴氏楠木厅”虽历经500年沧桑，依然坐落于宜兴江畔，只是三进院落只剩一进，但毕竟是原砖原瓦，尚留昔日风范。

吴仕的孙子辈中，吴正志非常喜好字画和茶壶收藏，吴正志和同科进士高攀龙、复社同人侯方域、名士董其昌等，情深意笃，他们常来宜兴，就住在吴仕留下的老宅中。吴正志为表明自己喜山好水的志向，特将吴仕老宅改名为“云起楼”。董其昌题写了新额，高攀龙写下《题云起楼》一诗，诗云：“吾友构高楼，上与南山友，推窗延诸峰，凭几揖群阜。楼中列万卷，亦贮泉百缶，彝鼎皆商周，图书悉蝌蚪。客来赏奇文，疑义相与剖，递品阳羡茶，呼取惠山酒。或时自安坐，淡然一何有，青山时出云，白云时入牖。倏忽曳作衣，亦或变为狗，起灭千万端，巧历能算否？人生一如此，幻化安能久，借问天壤间，何者是不朽？”

另外，宜兴名士陈贞慧在《秋园杂佩》里，也提及吴正志喜欢收藏茶具，“余家藏白定百折杯，诚茶具之最韵，为吾乡吴光禄十友斋中物，屡遭兵火，尚岿然露灵光也”。吴正志曾任“光禄寺丞”，故称“吴光禄”，至于说其“十友斋”，大概是其最心爱宝物的特别收藏室。

吴正志的嗜好，直接影响了他的儿子，也造就了宜兴历史上非常有影响的收藏家——吴洪裕。

## 《富春山居图》与吴家渊源

2011 年 6 月，元代黄公望所作《富春山居图》前段《剩山图》和后段《无用师卷》，经历了 361 年的分离后，终于在台北共同展出。《富春山居图》被称为“画中兰亭”，是“中国十大传世名画”之一。在《富春山居图》600 年的收藏历史上，曾经有近 50 年，一直保存在宜兴吴氏家中。此画如今被分为前、后两段，便与收藏家吴洪裕有着难解难分的关系。此后，又有多位吴氏家族成员与这幅名画产生联系，在这幅传世名作的收藏、毁坏、修复甚至南迁中，都能看到宜兴吴氏子弟的影子。

《富春山居图》的第一位收藏者是黄公望的道友无用师。至明代画家沈周收藏前的 100 多年中，收藏情况不明。因此，沈周也成为《富春山居图》有史料记载的第二个重要收藏人。而沈周与一生偏嗜茗茶的宜兴吴纶、吴仕父子过从甚密。沈周之后，《富春山居图》辗转多人之手，最终到了吴纶、吴仕后人吴洪裕手中。

明万历二十四年（1596），董其昌购得此卷。董氏晚年遭难，迫不得已以重价将《富春山居图》典押给同为万历十七年同科进士的好友吴达可，以期境遇好转后赎回，但最终未能如愿。

吴达可为吴仕之子，其后将此图传给儿子吴正志。如今，《无用师卷》上六张纸的骑缝处“吴正志”“吴之矩”两枚收藏印便是当年吴正志所留，也成为 400 年后鉴定家徐邦达先生最终确定《无用师卷》为真迹的有力证据。吴正志在 1620 年去世，这幅画就传

●《剩山图》，现藏于浙江省博物馆

到他的幼子吴洪裕手中。

据清嘉庆《宜兴县志》记载：“吴洪裕，字问卿，参议正志子，万历乙卯举于乡，不复赴会试，自号枫隐，有别业曰兰墅。擅一邑之胜，名人王稚登、董其昌皆从之游，为绘图作记。洪裕常寝处其间，日召客饮酒，醉后则讽陶杜诗，卒后舍为僧院。”吴洪裕荫前人之福，成了名震一方的收藏家，虽没有看到他对茶壶有多少热衷，但对书画的“痴迷”却无人能及。据说，吴洪裕极为喜爱《富春山居图》，特意将藏有《富春山居图》的处所改名为“富春居”。他每天不思茶饭地观赏临摹，到了朝夕不离的地步。明末清初著名书画家恽南田在《瓯香馆画跋》中记载：吴洪裕于“国变时”置其万贯家财于不顾，唯独随身带了《富春山居图》和《智永法师千字文真迹》逃难。由此可见吴洪裕对这幅画的痴迷程度。而正是他的这种痴迷，给这幅传世名画带来了一场大劫难。

清顺治七年（1650），卧病在床的吴洪裕到了弥留之际，气若游丝的他仍念念不忘《富春山居图》，遂决定焚图殉葬。万幸的是，就在此画即将付之一炬的危急时刻，吴洪裕的侄子吴静庵，迅速从火中抓住已燃着的画卷，用力一甩，把画抢救出来。为了掩人耳目，他又往火中投入了另外一幅画，用偷梁换柱的办法，救出了《富春山居图》。画卷虽然被救了下来，中间已烧出几个连珠洞，断为一大一小两段，此画起首一段已烧去，其余部分也是火痕斑斑了。

1652 年，吴家子弟吴寄谷得到此画，他将受损卷烧焦部分细心揭下，重新接拼。火烧之前，此画卷由 8 张画纸连成，全长 848 厘米。火烧之后，毁坏 5 尺，焚成两截。前段较小，只有 51.4 厘米，因画中正好有一山一水一丘一壑之景，几乎看不出是经剪裁后拼接而成，定名为《富春山居图·剩山图》。后段画幅较长，大约有 636 厘米横长，在装裱时为掩盖火烧痕迹，特意将原本位于画尾的董其昌题跋切割下来放在画首，这便是后来乾隆得到的《富春山居图·无用师卷》。

《富春山居图》的前后两段后来分别流入不同的收藏家手中，其中《无用师卷》于乾隆年间进入皇宫，却被当作赝品收藏了 200 年，直到故宫文物南迁才沉冤得雪。而《剩山图》则在抗战期间为大画家吴湖帆所得。经考证，发现《剩山图》的最后一位私人

● 《无用师卷》（局部），现藏于台北“故宫博物院”

收藏者吴湖帆，出身浙江吴氏，也与宜兴吴氏有着姻亲关系。

1924 年，吴欢的祖父吴瀛参与创办故宫博物院，被民国政府委任为紫禁城“接收代表”，后任故宫博物院常委、古物审定专门委员，担任《故宫书画集》首任主编，在当时的文化界举足轻重。同时，他也是故宫文物南迁的监运员。在抗战烽火燃遍全国的时候，《无用师卷》与 600 多万件文物一起，在十余年中历尽艰辛坎坷，行程数万公里，辗转运抵南京、四川、贵州……至抗战结束后，陆续运回南京，又于 1948 年底，运至台湾。从此，《无用师卷》与《剩山图》两岸分离。

## 西泠印社旧址原为吴、李两家婚房

吴欢至今保留的一幅书法，道出了吴家与西泠印社间的渊源。吴瀛的祖父，钱塘候补知府吴殿英，早年在浙江任平湖县令时有一位十分要好的上司，即浙江杭嘉湖候补道李辅耀。用吴欢的话说，这位李道台人称河定公，亦非等闲人物。“西泠印社五位创始人中，第一位便是李辅耀，出钱、出地、出力创办了西泠印社。西泠印社的社址即李辅耀赠送，社名也源自李辅耀的书房‘西泠寓斋’。”

这话听起来难免让人觉得有些夸张。西泠印社创立于 1904 年，时值清末，金石研究和发展正处于鼎盛时期。众多的金石名家，有志于弘扬和发展国粹，在杭州的篆刻家相聚西湖，研讨印学，于是结社于孤山南麓西泠桥畔，“人以印集，社以地名”，取名“西泠印社”。当时，清朝杭州府与钱塘县均以官府批文登记备案。如此看来，西泠印社与李家、吴家没有任何关系。

不过，创社以来，从建屋修亭，到疏浚泉眼，所需款项，一分一毫都来之不易。最初的资金由“创社四英”合捐，吴隐（字石潜）捐了大洋 490 元，丁仁（字辅之）252 元，叶铭（字品三）186 元，王禔（字维季）162 元。当时，丁家已家道中落，靠出售祖上藏书贴补家用。

李辅耀父亲名叫李恒，父子俩定居杭州后，非常喜欢西湖边的孤山景致，于是，大孝子李辅耀就置地筑别墅，父子俩都嗜好金石书画，一来二往，别墅就成了杭城文人的雅集之所。而李辅耀的儿子李庸、外孙唐醉石与西泠印社的丁仁、王禔、叶铭、吴隐等四位创始人又是至交，唐醉石还直接参与了西泠印社早期的创建，在西泠印社上交官府的第一份报告中就记有唐醉石的名字。

为了开拓财源，西泠印社创始人设立了两种形式的社员：一是基本社员，须在金石、篆刻或字画方面有一定成就，另一种是赞助社员，能够为印社的发展出钱出物。社会各界人士的扶持，最终成就了西泠印社。当李辅耀卸任准备回湖南老家之际，与李家小盘谷毗邻的西泠印社已名声远扬。出于对金石书画的厚爱，已回乡的李辅耀于 1911 年叫儿子李庸来到西泠印社，转达了将小盘谷无偿捐赠给西泠印社的意愿。小盘谷清幽雅致，岩石错落，是西泠印社摩崖石刻最集中的地方。

江苏吴氏吴琴清嫁给湖南李氏李青崖，属早年官宦人家门当户对的旧习。常州籍吴殿英年轻时曾在浙江任平湖县令，他的上司乃是杭嘉湖道台、李星沅嫡孙李辅耀，字幼梅，人尊李道台。李幼梅是 1848 年生，吴殿英是 1864 年生，相差 16 岁。

据李度回忆，其父李青崖婚事是由祖父李幼梅决定的，“当初母亲嫁父亲时，外婆庄还（近代著名政治家庄蕴宽二姐），本不同意。说湖南人太凶，喜欢打老婆，但外公吴殿英坚持嫁女，外婆只好服从。事实上，母亲嫁到李家后权威很大，父亲很尊重母亲，两人恩爱一生。他们的结婚洞房在杭州小孤山，回长沙前将此房送给画家吴昌硕办了西泠印社。如今西泠印社边上有一块碑，吴昌硕手书，开篇便曰‘西泠印社本属湘阴李氏所有……’”

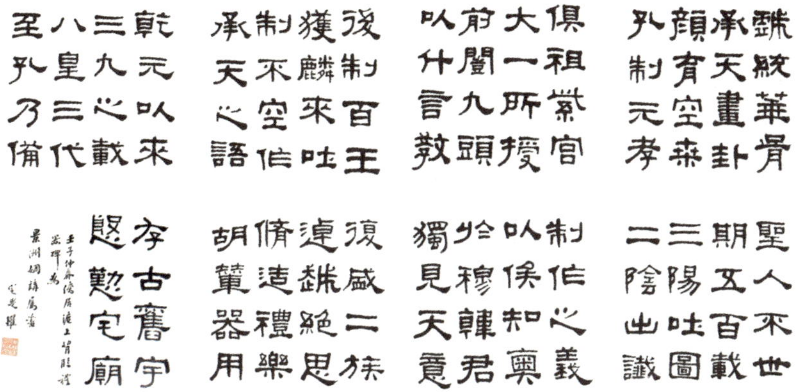


● 李辅耀的隶书“礼器碑”八斗方

吴瀛小时候，便由爷爷吴殿英托付给李辅耀研习书法，吴欢至今藏有河定公赠吴瀛的隶书“礼器碑”八斗方一套，即李先生为吴瀛制定的教材，以至于吴瀛除擅长行书之外，又独创一种亦行亦隶亦篆的变体书法。

## 义务成为故宫博物院开创者

到了吴欢祖父吴瀛这一代，更是成了著名的文物鉴定家，对故宫博物院的创建、国家文物的保护立下了汗马功劳。用吴欢的话说，中国文化积淀成为无比丰富的历史遗产，虽然朝代更替毁损惨重，但幸存下来的也称得上浩繁。随着清王朝的灭亡，政局不稳，战事连连，为了不让这些文物古迹继续流散、耗损殆尽，正是在吴瀛的参与下，与当时许多著名文化人一道，开始创办了故宫博物院。

故宫博物院实际上是借助最后一个王朝的历史遗产为收藏条件，借丰富而现成的遗物遗产之便，进行文化梳理和档案规整。这是五千年来第一次大规模的重要文化遗产的归集。有了故宫博物院，中国丰富的文化遗产才有可能进行辉煌的大盘点，从而奠定了北京作为世界罕见的文化集藏地的地位。吴瀛作为最早对这些文物进行盘点的人物，功不可没。

吴瀛先生不仅是故宫博物院的创办人之一，还是一位知名的

● 吴稚英兄弟1898年在湖北武备学堂练兵时期照片，二排中立者为吴殿英，左一为吴稚英，后排右二为庄蕴宽

● 1910年元月，吴稚英携妻庄还由湖北赴上海看望因支持革命党而辞职的庄蕴宽与四妹庄闲夫妇时摄，后排左一庄蕴宽、左二陆稼轩（中医师）、左三吴稚英，前排左一吴稚英妻庄还、左二陆稼轩妻庄闲

收藏家、文物鉴定专家，他一生痴迷收藏，所藏极富，后在其子吴祖光的建议下，把自己珍藏多年的文物字画中的精品捐给了故宫博物院。

吴瀛的曾祖父吴殿英，清末曾任浙江钱塘知府加盐运使，是两江总督张之洞的部下。后因张之洞调任湖广总督，便随张来到湖北创建湖北新军，具体负责军队改革。正是这支湖北新军，后来打响了辛亥革命武昌首义第一枪，敲响了清王朝的丧钟。

1913 年元月，吴稚英病逝，其妻庄还及全家被弟弟庄蕴宽接到北京。“我的祖父吴瀛作为湖北新军子弟，大学英文专业，精通文史书画且才气过人，又有诸位长辈的支持，便顺理成章地进入内务部北京市政府任职，才有了后来创办故宫博物院的缘分。正是吴瀛亲自撰写了建议成立故宫博物院的报告，并呈段祺瑞批准，开创了中国的文博事业。”

1914 年，成了革命遗孤的吴瀛被任命为京都市政督办公署坐办（相当于今天的北京市政府秘书长），时年仅 24 岁，具体主管北京市政方面的工作，包括监管住在紫禁城尚未搬走的逊帝溥仪。

1924 年，冯玉祥发动政变，直系政府倒台，由黄郛任国务院总理摄政。同年 10 月 5 日，冯玉祥命北京卫戍司令鹿钟麟将末代皇帝溥仪驱逐出宫。国务院随即宣布成立“清室善后委员会”，国民党人李石曾出任委员长。吴欢说，吴瀛的“同窗好友易培基（比吴瀛大 11 岁）多次以孙中山先生代表的身份赴北平，大都住在我们家，或由吴瀛在我们家附近公寓为其安置住处，照料他的生活。

● 吴瀛、周琴绮夫妇

黄郛组阁后，易培基出任教育总长，又是清室善后委员会委员。由于易的举荐，吴瀛又兼任了‘清室善后委员会’顾问，并积极参与清室文物的清理。这是没有工资、完全尽义务的工作”。

1924 年 12 月 21 日，吴瀛接受了“清室善后委员会顾问”的聘书。委员会决定于 23 日开始点查工作。21 日当天，内务部接到段祺瑞执政府令内务部警政司制止点查的命令。内务部王次长要吴瀛前去执行，吴瀛顶着压力提出：“清室善后委员会要着手点查，是保管上应有的手续。并且警卫司令鹿钟麟就是极端主张的一人，万一他不奉令，是否要警察厅同他对立起来，本部恐怕要为难，有关威信，似乎要慎重。以愚见，至多通知委员会，一面也行知警卫司令，请他们自己酌量，我们不要说什么……”王次长接受了吴瀛的意见。又经吴瀛多方周旋协调，才走出了点查清宫物件、建立故宫博物院的重要一步。

从 1925 年故宫博物院成立开始，一直到 1926 年 3 月，吴瀛因职务之便，在故宫与政府之间周旋，实际上是在帮李石曾、易培基两位先生扫清工作中的麻烦。1926 年“三一八”学潮之后，北洋政府即以共产党的罪名通缉逮捕了一批在北京的国民党重要人物，并认定李石曾、易培基都是共产党。于是，李、易被迫逃跑，避居东交民巷瑞金大楼，不能越雷池一步，故宫也就失去了主持人。于是，故宫董事联席会议推举了卢子嘉与庄蕴宽做维持员，卢子嘉不在北平，实际上只有庄蕴宽一人唱独角戏。李、易二人知道庄蕴宽是吴瀛的舅父，在万般无奈之下，恳请吴瀛去劝庄蕴宽务必暂时担当此任，以图日后大计。朋友如此重托，吴瀛只得冒着风险两边跑。庄蕴宽在吴瀛的劝说下答应了，又嘱吴瀛为其帮忙，吴瀛也只好义不容辞。

虽然当时吴瀛是内务部主管故宫的官员，但只是以“顾问”的名义在帮忙。他顾虑着当局时时想将故宫收归政府，同时又有人说他是故宫博物院北大系的卧底，而故宫博物院来自北京大学的一些人对他也有误会，认为他是内务部的特务督察，工作非常艰难。在清点溥仪居住的养心殿时，吴瀛发现溥仪手下大臣密谋清室复辟，包括想除掉孙中山的奏章文件，而这些重要材料在送呈司法部门后却被扣压，结果不了了之。一些军阀、政客也不管什么文物、文献，只知道争夺财宝，认为哪个先下手占据了这座宝库，便一生吃玩不尽。于是经常有妄图插手故宫这块宝地，企图掠夺宫内宝物的事件发生。吴瀛以京都市政公所秘书兼坐办、内务部主管治安的责任者、故宫博物院主持这三重身份，周旋在北洋政府国务院、内务部、地方势力乃至军阀之间，和一些有志之士一起维护了故宫的安全，并使故宫的各项工作较为顺利地进行，为故宫的创建奠定了基础。

在吴欢看来，祖父吴瀛那时参与故宫创建工作所承担的压力和痛苦是现在人很难理解的。“故宫清点工作极其艰苦。那时还有人说，你们为什么做这一点报酬也没有的工作，一定是想偷点东西。可见，参加工作的人除了吃苦以外，还要背负名誉上的损失。有一次，一些专职的管理人员借端午节发薪金煽动罢工，几乎无法开馆。吴瀛和一起筹钱的同事还无端受到别人指责。这位同事对吴瀛说：‘我们这里不是在做官，为什么受这样的肮脏气？现在，我不能忍受，我不干了！’吴瀛说：‘惟其因为不是做官，我们所以只有忍受。’”

由于吴瀛一贯性情直率，又不辞辛劳地周旋于各类人物之间化解矛盾，使他很快成了故宫博物院的中坚人物，他更脱不开身了。1928 年，北伐成功，好友易培基成为故宫博物院院长，吴瀛被任命为接管故宫博物院五位委员之一，此后，他的工作就以故宫的职务为主了。这位老同学看中了他办事的才干，把最烦琐、难度最大的工作交给他，名义上他是故宫博物院简任秘书，实际上成了故宫初创时期的大管家。他还创办了故宫印刷所，担任《故宫周刊》的主编，还主编了《故宫书画集》。他撰写的《故宫五年经过记》，最初就连载于《故宫周刊》。

为了证明吴瀛对故宫的贡献，北京故宫博物院专门致函确认“吴瀛为我院开创者之一”。台北“故宫博物院”林伯亭副院长也致函确认，“吴瀛先生乃故宫博物院创院时之接收代表、常务委员，曾参与古物鉴定、文物南迁等重要院务”。

## 亲历故宫文物南迁

在母亲新凤霞与父亲吴祖光相继去世后，吴欢在整理遗物时偶然发现了祖父吴瀛写的一部关于故宫的手稿，其中详尽记载了故宫从创办到第一次南迁，以及当时闹得沸沸扬扬的“故宫盗宝案”的很多不为人知的细节。这部原名为《故宫二十五年魅影录》的书稿，后由紫禁城出版社重新编辑成《故宫尘梦录》出版，这部书也成为研究故宫创建初期那段历史不可多得的第一手史料。

九一八事变后，随着平津形势的危急，故宫内部开始有了将文物南迁之议。吴欢介绍说：“当时的舆论几乎是压倒性的反对，很多人认为故宫文物是国家精神的象征，国家尚未沦陷，先把故宫文物运走，无异于动摇军心。”当时，坚持南迁的只有院长易培基和秘书长李宗侗翁婿二人，他们的观点是土地失去可以再夺回来，国家亡了可以再恢复，但这些古物一旦损坏却是永远不可挽回的。

吴瀛最初也属于反对南迁一派。他苦劝易培基说：“古物一出神武门的圈子，问题非常多，责任既重，闲话也多，内外的敌人，都等待着！我们最好不做此事！”易培基指责他出于私念。“事实上，当时我家的情况也确实困难。祖父一生未纳妾，祖母生了15个孩子，夭折了4个，还剩下11个。当时长女吴珊及长子吴祖光都才上高中，经济十分紧张，连子女学费都几乎要交不起了。如果真出现问题，重则有性命之忧，轻则也会丢官罢职，全家遭难。”吴欢说，连一向温顺的祖母也反对祖父参与南迁。

易培基的提案最终得到国民政府的同意。挑选故宫中最贵重的文物，分批运往上海。经过挑选和装箱的严格程序，外运的古物，足足装满了21节火车车厢。到了即将南运出发的时候，又生变数。曾任湖南省长、一度做过故宫古物陈列所所长的周肇祥，掀起反古物南运的行动，他在太和殿门前聚众演讲，声言要用武力阻止。经媒体一报，立即成了北京街头巷议的轰动新闻。

原来支持南迁、并自告奋勇要主持南行的古物馆副馆长马衡在压力面前打了退堂鼓，危急时刻，易培基又想到自己的老朋友吴瀛。他亲自上门劝驾，请吴瀛出任总押运官。

当年参与过南运的那志良后来回忆，“有人打电话来，指名要找哪个人，‘是不是担任押运古物，当心你的命’，或者声言在铁轨上放炸弹”，吴瀛也一时踌躇。但在易培基数次登门苦劝下，念及多年交情的吴瀛慨然允诺。

“我率领着第一批南迁的古物出发了。这个‘青面虎（兽）杨志’的任务，比花石纲（生辰纲）重要得多，声势相当显赫。”吴瀛在书中回忆，一共 21 节车厢，除了两节车厢上是工作人员和 100 位东北宪兵、本院警察外，其余全是文物，“在车顶四周各个车口都架起机关枪，各节车上都布置了宪警荷枪实弹地保卫着”。在重要的关口夜间开车，都按照行军作战的规矩熄灯前行，重要工作人员也和衣而卧。徐州一带时有匪众出没，据报，在前一天晚上，已有 1000 多人在徐州附近向行车地段窥视，被打退回去。因为绕道陇海，直到第四天才到达南京。

大家以为可以松口气了，没想到，这批国宝却在此处放置了两个星期。原因是垂涎这批国宝的国民党元老、故宫博物院副院长张继，企图在他的控制下将这批国宝运往西安、洛阳，与故宫博物院院长易培基、秘书长李宗侗发生争执，并最终演变成为国民党内部的一场政治斗争，制造了民国第一奇案“故宫盗宝案”。随后，吴瀛无端卷入其中，以“妨碍秘密罪”被起诉，蒙冤离开故宫。

值得一提的是，《富春山居图·无用师卷》也在此次迁移的 600 多万件文物当中。此后，为了谋生，吴瀛带领一家老小颠沛流离，历尽艰辛。中华人民共和国成立后，吴瀛被陈毅聘为上海市人民政府文物管理委员会古物鉴别委员。吴瀛之子吴祖光在一篇文章中回忆道：“解放不久，父亲将‘故宫盗宝案’的申诉材料寄给毛主席。1950 年初，国家副主席董必武受毛主席委托来上海，在上海大厦接见了由市委统战部部长周而复陪同的父亲。董老代表毛主席对父亲的申诉做了答复。他首先肯定了父亲对创建故宫博物院、保护国家文物所做的贡献，表示了对父亲在国民党黑暗统治下不

● 吴瀛夫妇与孙子吴欢

幸遭遇的深切同情，明确表示将为‘故宫盗宝案’昭雪的态度。26年的冤案，终于洗雪有日。”

## 倾囊捐赠一生收藏

1955 年，吴祖光将父母接到北京安居。吴祖光在迎接父母的同时，也迎来了十多个装满文物古董的大箱子。这是吴瀛一生以自己的工薪购买收藏的古董。吴欢自小被送到上海，与祖父一起居住。吴欢说，印象中的祖父总是一袭长衫，逢人便诉他在故宫期间的冤情。而且，他一生致力于中国古代文物的收藏，为此不惜负债累累，以致妻子儿女皆受累于此，严重的时候，甚至连孩子的学费都交不起，为此常常和妻子吵架，弄得家里鸡飞狗跳，“我从小跟着奶奶长大，直到祖父去世后多年，奶奶还常常为此埋怨祖父”。

这些收藏随着吴家的迁移经历了抗日战争，自南京逃往重庆，在重庆，为躲避日本飞机轰炸，有几幅珍贵的字画因放在防空洞内受潮霉烂受损，花重金重新装裱收藏，抗战胜利后又运回南京，再转上海，这次又回到北京。吴祖光看到这些古董，有些发愁，这里有不少是国宝级文物，价值连城，放在家里怎么办？他想，父亲吴瀛必定会同意将这些尽心竭力保护下来的文物捐献给国家的。当时吴瀛已患病 4 年，讲话口齿不清，但头脑清楚。吴祖光找机会对吴瀛说："新中国成立了，这些宝物我们自己保管、照顾都十分困难，我的意思是全都捐献给国家，好不好？"吴瀛完全听明白了，他满脸笑容，连连点头，表示同意。

吴祖光立即找国家文物局局长郑振铎说明此事，郑振铎先生是吴瀛的老朋友，也是吴祖光的朋友。吴欢说道："郑先生和著名文物鉴赏家唐兰教授第二天就来到我们家，全家动手将箱子打开，重要文物一一过目。郑、唐二位十分兴奋，啧啧赞赏不止。"郑振铎说："这是一笔巨大的财富，经过兵荒马乱，居然保存完好，实在难得。"当郑振铎问道，需要多少钱由国家收购时，吴祖光立即回答："是无偿捐献，不要任何代价。"吴瀛微笑点头，表示全家都是这个意思。那天，郑、唐两位精选了241件文物包括字画、青铜、陶瓷、印章等，运往故宫博物院。其中一些古代的金、银、玉、瓷，以及吕纪、石涛、郑板桥、八大山人、文徵明、唐伯虎等人的书画均为国宝，价值连城。

吴瀛对故宫博物院的创建、国家文物的保护立下了汗马功劳。他在晚年又将一生收藏的文物无偿捐献给国家。到2015年，故宫博物院建院90年来，已有775人次先后将3.34万件个人藏品捐献给故宫，这些捐献者包括国内外国家领导人、国内各界民众、海外华人及国际友人。为表彰这些捐赠者做出的贡献，故宫把景仁宫建成"捐赠文物纪念专馆"，以此来表达对捐献者的感念之情。

景仁宫内设"景仁榜"。跨入景仁宫正殿，醒目的"景仁榜"三个大字迎面高悬，花梨木制作的巨型屏风上，按捐赠年代镌刻

● 齐白石赠给新凤霞的扇面

● 徐悲鸿送给新凤霞的扇面

着 682 位捐赠者姓名。其中就有吴瀛，还有王世襄、史树青、章乃器、陈半丁、沈从文……一个个人们熟悉的大家的名字和默默无闻者的名字都镌刻在“景仁榜”上。

解放后，吴祖光依然身受家学渊源的影响，除了剧作家的身份，在书法绘画上也有一定的造诣，妻子著名评剧演员新凤霞更是拜在齐白石的门下。吴欢说，作为著名演员，新凤霞那时候收入很高，“别人挣 18 元工资的时候，我妈就挣 1200 元了，我爸爸从香港回来，稿酬也很高，所以在那时的文化人家庭里，我们家算是很有钱的”。据吴欢介绍，那时候，父亲经常买齐白石先生的画作赠送给友人。“我们家是很早就推崇齐白石的，齐白石的画才 100 元一张的时候就买了很多，我们家送出去的齐白石画至少有四五百张。”

吴欢从小耳濡目染，天然地对文化艺术有了非凡的感悟力，他三岁开始随祖父习字，后来由字入画，成为著名的书画家，并集成了家族丰厚的收藏。

# 邹静之

## 如同时间通道一样的老家具

与邹静之先生结识多年，很早便听说他热衷于木器家具的收藏，但真正感受到他的热情与痴迷，还是在一次饭局上听了他的一番侃侃而谈。记得那次一行人相约在牛街附近的一家官府菜餐馆聚餐，店家为了烘托餐厅的特色，店里布置得古色古香，家具、器皿、装潢都是一水的古典风格，其中不乏一些古朴典雅的明式家具。刚一进门，邹先生就被摆在包房里的一对椅子吸引住了，器形、木质、年代里里外外研究了个遍，几乎忘记了此行的目的。当然，其他人也都饶有兴致地听着，真没想到其中的学问竟如此渊博，所有人都对邹先生的研究赞叹不已。难怪有人说，编剧、作家，一定都是杂家，博学多才，而邹先生在古董家具收藏上的学问更不是一般二般的，甚至在收藏界都是出了名的。用他自己的话说：“我做编剧 20 年了，但收藏家具比做编剧的时间还长。”

起初，邹先生在电话中听说是关于收藏的采访，还稍显迟疑，但随后还是答应了。我想邹先生的迟疑，也许是跟近年来收藏市场的过于火爆与盲从有关。在我看来，现在很多人把收藏和投资这两个概念混淆了，二者目的完全不同，心态和判断也自然不同。俗话说：“不迷不成家。”邹先生对于家具的收藏完全到了一种痴迷的程度，此前我便听说，为了一把椅子，他竟然当场把衣服脱下给人家当定金。因此我想，即使再忙，邹先生也不会拒绝谈论这一话题。果不其然，采访时已经晚上八点，工作了一天的邹先生，谈起他的收藏依然滔滔不绝，直到十点仍兴致盎然，最终因为咽炎严重，才不得不相约改天细聊。

## 不迷不成家

据邹静之介绍，他之所以对家具收藏如此痴迷，是因为家庭的熏陶，“我母亲曾跟我说，我们家原来在江西是十大家之一，当时家中有很多红木家具，太师椅、条案等。我还记得，我奶奶有个包袱，装了很多小首饰，包括翡翠、珍珠以及一些细小的瓷器，例如笔洗子，还有一块明代的墨，后来上学练大字的时候就让我给乱研了，那个笔洗子也被我带到学校给弄碎了。我现在还记得，那笔洗不是雍正就是乾隆的六字款官窑，上头画着一只松鹰。因

明代大漆半桌

为解放之后，没人看重这些东西了，所以都没有在意。”

尽管如此，他的家具收藏还是开始得有些突然。1990年，邹静之在逛潘家园旧货市场时，看中了一对红木太师椅，当即拿出全部积蓄3300元，把椅子扛回了家。“当时我们家挺小的，连厨房、厕所加起来也就30多平方米，那椅子搬回家颇费了一番周折”，邹静之回忆道，“不过我媳妇对于我收藏家具始终非常支持。第一，我媳妇听我的；第二，我给她看书，我把当时有限的几本关于明清家具研究的书都给她找来了，一本是杨耀的《明式家具研究》，还有一本是德国人古斯塔夫·艾克写的《中国花梨家具图考》。这些书给她看了之后，她也喜欢上了，现在我夫人的眼力非常好，因为我看东西比较粗，而她很细致，有时她看过之后，和我的反应不一样。”

这对太师椅搬回家之后，邹静之爱不释手，常常拿块儿抹布反复擦拭，“那时候我身体不好，也不知道为什么，我看着那椅子，擦着那椅子，就觉着身体也越来越好了。很多人怕旧家具，但是我喜欢”。可没想到的是，经过仔细观察后发现，自己的第一件藏品看走了眼，用邹静之的话说，“第一次买东西就吃了点儿小药儿，用行话讲，这对儿椅子叫‘插帮车’，意思就是一个拼凑的东西。好比说，人家收了一批这种椅子，但是全都散了，互相再凑，重新拼成一个完整的出来。也许不算是完全打眼，起码木料是对的，我看木质没问题。后来有朋友喜欢，我就送人了，现在有点儿后悔，其实我应该把它留下，作为第一次收藏的见证”。

当然，这么一点儿小挫折对于邹静之来说算不了什么，“打眼以后，行话就叫吃药养伤，打掉了牙往肚子里咽”。从那以后，他的收藏热情便越发不可收拾。“买多了的时候，亲戚朋友家里都搁。反正农村有院子，就往那儿堆呗。大炕桌底下捋着小炕桌，桌子底下塞着折叠的东西，到处塞。就是从1990年那会儿开始，刹不住车了，吕家营、高碑店、潘家园都是常去的地儿。认识了很多人，只要听说有旧家具就往外跑，那时候没有车就天天打的，要不就坐朋友的车，所以我也相应地影响了好多朋友，慢慢爱上了这个。他们至今感谢我，一个是他们买到了心仪的东西，从我这儿抢走了心仪的东西，再一个他们心仪的东西都有巨大的升值空间。”

虽然有了第一次的教训，但是打眼的事儿还是会时常发生。“切忌惊喜，一看，哇……没地儿找去了这东西。一惊喜就想买，一想买就主观，自己提出的所有疑问，自己都会把它反驳掉。1997年的时候，我还买过一个挺贵的条案，当时一看就是明式的，剑腿儿、插肩锁、独板儿，但是，买回家之后，越擦越不对。这家具就怕擦，够不够二三百年，别的不用看，就看有没有包浆，就是几百年来人手摸，抹布擦的，油泥往里滋，和木头里面反出来的那种油性物质。”想起这事儿，邹静之感慨道：“我就特奇怪，为什么一开始我没看出来呢？后来我发现，往往是一欣喜就做无罪推定。就跟谈恋爱一样，我就喜欢这女的，所有的缺点都视而不见了。结果，娶回家发现，两人不合的东西特多。后来我是下定决心，做有罪审判。再对的东西也得先挑毛病，而且，古董这东西最奇怪的是一错百错，它只要有一个纹理不是这个年代的，那一下子这东西就肯定不对了。为什么有人说隔二里地就看出你这东西不对了，那个时代的釉色和器形是“关公战秦琼”，不是一朝代的。”

## 工艺永远是第一位

时间长了，邹静之对于自己的收藏有了更多的想法。“很多人跟我一样，刚开始都喜欢红木，觉得光正，包浆也好看，只喜欢红木，不喜欢柴木（中国古代家具，除了紫檀、黄花梨、红木等名贵木材，民间家具更多采用的是普通常见的材质，一般称为柴木，包括榆木、核桃木、楸木、樟木、柏木等）。我收了两年红木之后，就开始收味道好的柴木家具了。例如榉木，行话叫‘气死黄花梨’，不但做工好，而且多数大漆家具都比黄花梨的年份早。关于材质、年份、工艺这几个标准我是这样排列的，工艺永远是第一位的，例如明代的大板凳，即使是黄花梨的，也不会有太高的价值，因为它没有美感，而现在很多特别有名的工匠做的家具都贵得不得了。因为工艺永远是第一位的。”

不过，现在家具收藏被炒得越来越火，很多东西和十几年前比几十倍地往上翻，而更多的人是以投资为目的，早已忽略了艺术价值。“昨天我经过菜市场，看见旁边写着‘古玩珠宝杂项’，进去看没一件是老的。当更多的人以投资的方式进入艺术品市场时，

● 明代黄花梨笔筒

艺术的发现一定会趋于简单化。材质和体量本身相对于工艺性来说是最容易看见的标准。很多时候会听到这样的话，‘别的不说，就是料也值了。’殊不知艺术品市场，实在不是材料大卖场。”邹先生感慨道。

大收藏家安思远先生在《洪氏所藏木器百图》的绪论中也说过：“我相信，随着人们的知识增长，樟木、榆木、杉木，各类果树木料等柴木家具，终将博得如当今硬木家具般所得到的青睐。一言以蔽之，木料本身并不能说明美丽或价值，有远见的收藏家是买家具而非木料。”邹静之对此也有同样的感受，艺术的发现一定没有看真金白银那么简单，一定要有知识的准备。“设想一下，当一件艺术品丧失了艺术发现的难度时，就证明这个时代的艺术发现能力在退化，更要紧的是会让人失去认识发现艺术品时所带来的乐趣。一件古董经过几百上千年后，它的信息和美感被发现是这件艺术品依旧活着的证明，而简单的判断会使一件高古之器死去，即使不是完全的死去，也是在某一个时段休克了。一个喜爱中国古代家具的同好，谁愿意处在这样一个时代？”

与此同时，在邹静之看来，现在的收藏市场也失去了曾经发现的乐趣。“20 世纪 90 年代初，我去高碑店、吕家营，就说方桌，不管明的、清的，一张摞一张，一直摞到房顶上。卖家也不懂，120 块钱一张，什么木头都有，大漆的、榆木的。我每次去都能看见拉旧家具的车来送货，每个仓库都跟大火车仓库似的。那时候逛家具市场，充满了玩的乐趣，在浩如烟海里发现，我觉得发现就

● 明代黄花梨帖架

● 清乾隆剔红大漆盒

是创作。一件好东西，别人都从它边上走过去了，当你发现它之后，你一解释，所有人都觉得这东西美。当然现在收藏家具，创造性的发现没了，因为那种环境没了，东西也没了。”

因此，近三五年，邹静之已经不收东西了，“我原来那些东西都是淘换来的。现在看，我当时买的这些东西都算是捡漏儿了，当时可不算‘漏儿’。现在的东西都翻了十几二十倍。海岩说，上老邹家看家具，别问价儿。一问就生气”。

## 行里人的规矩和风范

为了能够收到心仪的家具，除了越来越独到的眼光，有时邹静之也不得不使上一些小伎俩。一次，他与王刚、龚应恬一同去逛吕家营旧家具市场，刚进一家店，他就看上了正对门口的一个樟木大柜子，正面雕刻着很多古字，漂亮极了。斜眼偷看旁边两位爷，也不错眼珠地正盯着这柜子。邹先生一想，坏了，仨人全看上了，今天这东西拿不着了，这还不得抢。走近两步，仔细观瞧，柜子一角有很多耗子嗑过的痕迹，邹先生赶紧装出一副惋惜的表情道：“唉……，这耗子都嗑了，没法动了，把里面拆下来修，也修不好了，可惜啊。”说完这话，那两位似乎听信了“谗言”，又看了一会儿，最终摇了摇头还是走了。

当时，邹静之的心里直打鼓，“虽是朋友也没办法，跟他们要了个心眼儿，只能对不起朋友了。我们仨走了以后，第二天一大早，我就打车直奔那儿去了，当即就把那柜子拉走了，6000 块钱。那柜子最起码得有 300 年，我拉着去修的时候，一路上好多人问我，这柜子谁的？您卖我得了？我心里那高兴。最后修好了，搁我们家摆上给他们俩请来了，他们俩一进屋就看见了：'哟，这大柜子怎么那么眼熟啊，搁你这儿真漂亮哎！'我说：'眼熟吧，耗子嗑的那个。''好小子啊，跟我们说是耗子嗑的，然后你自己偷摸儿地给弄回来了。'他们说，其实当时他们看我那眼神儿就不对，就知道我喜欢，人家就割爱给我了"。

"我喜欢这行儿里的东西，不如说我喜欢这行儿里的人，特别有风范"，邹静之如是说，不单单指上述王刚、龚应恬二位，"这行里卖东西的和买东西的都是朋友，一看邹先生喜欢，'拿家玩儿去'。你要想要，得说：'您让给我吧？'完全不像买卖人。你如果说，这东西看不好，想让朋友给长长眼，都是挺贵的东西。'拿走，一分钱都别搁下。'你拿走，随便看，因为他心里有底，东西肯定是好东西，一个是它价钱肯定是便宜的，往往是你再把钱给人家送回来，东西就留下了。所以，这行里特别有意思，还秉承着一些很古老的规矩。比如说，我看上了一件东西，跟人家说好了给我留着，前脚刚走，来了个人也看上了，但是哪怕他出再高的价，卖家也不会卖，你说这对他们是个多大的考验啊。"

行里的规矩人人都会自觉遵守，无论是坐商、大买卖，还是喝街的小贩，无论是大买家，还是小主顾，规矩在大家眼里都适

● 清代花梨百宝嵌拜匣

用，说白了不过“诚信”二字，但真要是做起来着实不易。“有一次，我和夫人正在逛超市，手机响了，一位卖家给我发了个彩信，是一个明代的、一腿三牙的大方桌，很漂亮。我赶紧回，是不是柴木的？他回，黄的！就是黄花梨的。这一下，我超市也逛不下去了，赶紧打电话问，缺不缺钱？他说，缺。我就马上四处借钱去了。我当时也没那么多现钱。借完钱，我就马上让他上我们家来取，第二天一早人家就去坐飞机，中午到了，给我打电话描述这东西，告诉我哪条枰是后配的，哪个卡子花儿丢了，底下漆是朱红漆披麻灰，一看就是大明的东西。当天夜里十二点就运回来了。”

回想起那晚的情景，邹静之依然激动不已。“那天晚上，我和两个同好的朋友在海岩家吃饭，看我老接电话，他们就猜肯定有东西来了，我不得不承认。他们说，‘不行，我们得看看去。’都已经晚上十一点了，然后我们就一起回我们家看东西。拆开箱子一看，哎哟，一摸那黄花梨的腿儿，包浆太好了。而且这个桌子超过了一米，90 多公分的桌子很常见，一米见方的方桌非常少，超过一米，价钱翻番，这是规矩，就是因为太少了，一千个里没一个，另外还带霸王枰儿、顶牙的罗锅枰儿带卡子环儿，非常美的一件东西。这是我前几年的大节，捡回这么一个漏儿。”

“不迷不成家。”20 多年过去了，对于邹静之来说，收藏家具已经成为生活中不可或缺的内容。“如果不写剧本儿，我最大的理想就是当一个家具贩子，收来旧家具，好的自己留下，不喜欢的给卖了。要是这样的话，我挣的钱估计比编剧还多。”

●明晚期楠木凉榻

● 清代花梨小马鞍

话虽这样说，但是，在 20 多年的收藏经历中，邹静之从没有卖过一件自己的藏品，“不喜欢的就送朋友了，从没卖过。很多人买家具让我长眼，我特别喜欢大家都喜欢这些东西。中国规定黄花梨、紫檀、铁梨木、鸡翅木不能出口，所有的柴木家具是不限制的。我在高碑店、吕家营看到的那些欧洲的、美洲的、日韩的到这里买家具的人，都是一礼拜一车皮地往外拉。大使馆的外交官员卸任的时候，很多家具都拿走了。我希望身边的朋友能够尽量多地把特别好的家具留在咱们这儿”。

对于收了多年的这些家具，每一件都经过了邹先生反复的擦拭，体验、欣赏其中的妙处。“严格来说，我们只是它的过客。它已经300多年了，多少代人从它面前过去，你根本无法拥有它。你只是它流过的河流中的一段，它还将继续流下去，而你可能就……所以说一个人想把这些都拥有是一件特别可笑的事情。你没法儿拥有一个三四百年的东西，也许这三四百年所有的人加起来才能说共同拥有它，它只在这个阶段属于你”，邹静之随手指了指身旁的一对椅子，“像这椅子，是一个时间的通道，它过去肯定是宅门儿里的东西，三少爷、二奶奶就在这儿坐着，它就演绎过他们的戏剧人生。比如我有一套宋代民窑的小酒盅，我拿它喝酒和拿塑料杯子喝酒感觉就是不一样。我拿它一喝那就是时间通道，我可以和苏东坡有关系了，这感觉完全不一样。也许有人感觉不到，但是我特别能感觉得到。”

## 收藏术语

看不好——倘若店家说，此物件绝对到代，而买家看出是仿品，又要顾及店家的面子，就只能说“看不好”。

铲地皮——自己不开店，专门跑农村收货，或者是倒斗的人拿到东西后卖给各商家，行里人称他们“游击队”，又叫“铲地皮的”。

吃仙丹——类似于俗称的“捡漏儿”，买了便宜又喜欢的藏品。

拦一道——指高竞买者的价钱抢先买来。

搬砖头——不花本钱拿别人的东西卖，从中赚取差价。

有一眼——指这件东西不错，艺术、收藏价值较高。

开门儿——指这件东西一看就是老物件，又称“一眼货”。

压堂——指店家最好的物件，镇店之宝。

走宝——指卖亏了，让买家捡了漏儿。

贼光——新仿或者新做的物件，有种刺眼的反光。

包浆——传世的古董，经反复把玩，使表面出现的细腻温润的光泽。

打眼——以较高的价格买到不值此价格的藏品，或买了假货。

杀猪——经营新仿物品的卖家，对卖假货行为的一种口语。

匀、让——将自己的藏品买给别人。

# 米景扬

## 我在荣宝斋的翰墨人生

有人称，米景扬是中国书画市场的见证人。在荣宝斋工作超过 40 年的他，与现当代许多位书画名家都是莫逆之交。他曾经支持过的青年画家，如今都成了中国画坛炙手可热的人物，而且，他对画家的帮助从来都是心甘情愿不求回报，许多画家至今都心存感激。米先生为人谦和，待人诚恳，在业界是出了名的。陆俨少先生生前就曾多次说过："大米好，大米不讲回报。"

大半生同书画大师的作品打交道，练就了米景扬坚实的笔墨功力，他的小写意花鸟画风格清丽，在画坛有自己的位置。很多人也许都不知道，人民大会堂迎宾大厅悬挂的那幅傅抱石、关山月以"江山如此多娇"为题创作的巨幅画作，早已不是曾经的真品，而是出自米先生之手。画家范曾曾如此评价："米兄，蔼然高士，不求闻达于世，初不思于花鸟画界问鼎，亦不欲以作品傲人，作画自娱、以抒性灵耳。……艺术成功之途非止一端，而为人之诚笃，品德之高迈，则必备之前提也。”

近年来，几场冠以“十墨山房藏”的拍卖和展览更可谓一石激起千层浪，吴昌硕、任伯年、齐白石、张大千、徐悲鸿、潘天寿、李苦禅、傅抱石、李可染、黄胄、王雪涛、吴作人、陆俨少、关山月、程十发……几乎一个世纪中国书画的名家代表人物都被囊括其中。而“十墨山房”的主人正是这位在书画收藏界鼎鼎大名的米景扬先生。

米先生生于20世纪30年代中期，虽已年过八十，却精神矍铄，侃侃而谈且潇洒自如，讲起年轻时的经历和见闻，依然好似历历在目，声情并茂。

## 从“木板水印”走进荣宝斋

1936年，米景扬生于北京崇文门外，父亲精于古玩玉器的鉴赏，在崇文门外北羊市口做玉器生意，商号“瑞德祥”。从小受到家庭的熏陶浸染，启蒙了他对传统艺术的喜爱与追求。20岁进入荣宝斋工作，直到1998年退休，历经了42个春秋。

米先生至今念念不忘，20世纪50年代参观的一场展览，改变了他的一生。1954年，正在读高二的米景扬因患肺结核，不得已辍学在家休养。病好后，自幼喜欢书画又有家学传统的他，便常去一些古玩字画店逛逛。初冬的一天，王府井帅府园新建不久的“中国美术家展览馆”，举办了一场名为“荣宝斋木板水印”的画展，对米景扬来说，那时的他，无论是“荣宝斋”，还是“木板水印”，都还相当陌生。

出于好奇，他走进了展厅。“给我印象最深的是一部叫《十竹斋笺谱》的明末版画集，几百幅彩色画面，每幅都只有火柴盒大小，刻印极其精美，令我久看不厌。看了说明之后，我才知道这些都是西琉璃厂一家名为‘荣宝斋’的南纸店制作的。我每年春节都去琉璃厂，但多去东琉璃厂，没注意到这家店铺，没想到一家南纸店能够搞出这么大的名堂。”这是米先生第一次对“荣宝斋”三个字有了印象。自此以后，荣宝斋便成了他时常光顾的地方。

当时的荣宝斋有六间门面。门面西边有一红漆大门，门面上悬有同治年间状元、做过溥仪老师的陆润庠题写的“荣宝斋”正匾，以及“凝光”“蟠采”等四块配匾。荣宝斋门脸不算大，但在当时的琉璃厂算是较为气派了。走进店堂，正中是设有铜栏杆的收款台；两边有纸柜，柜里整整齐齐地摆满了宣纸，都是十张一卷，顶部用楷字标注纸名；还有陈放文房四宝、诗笺、诗筒的陈列柜。回忆起第一次走进荣宝斋时的情景，米先生清楚地记得：“起初感觉有些失望，觉得挂画的地方不多。此后去的次数多了，才知道收款台后面有一条长约 20 米的走廊，左面是玻璃窗，右面墙上挂满了古今名家字画；靠墙的柜内，存放有古旧文玩；走廊尽头有一

● 20世纪50年代，荣宝斋木板水印车间

● 齐白石与荣宝斋的工作人员

扇装有镜子的门，直通后面的会议室及经理室。”

随着对荣宝斋的了解逐渐加深，米景扬十分向往进入荣宝斋工作。这时，通过亲朋介绍，米景扬认识了汪慎生和董寿平先生，这让从小临习过不少书帖、画稿的他，对花鸟画更加喜爱。恰巧，1951 年董寿平先生由蜀返京，进入荣宝斋从事编辑工作。由于他出身诗书世家，家藏丰富，美术鉴赏知识十分渊博，对荣宝斋木板水印及临摹工作出谋划策，贡献极大。

1956 年 5 月 4 日，米景扬在汪慎生、董寿平两位老先生的鼓励和介绍下，正式进入荣宝斋工作。因见他书法绘画有点儿基础，时任经理的侯凯，根据董先生的建议，把他安排在编辑室搞勾描工作。

木板水印是荣宝斋的主要业务，几乎贯穿了各个部门。1949 年前，荣宝斋继承了我国木版画的彩印传统，刻印工艺已经达到新的水平。20 世纪 50 年代以来，在与众多书画家、专家合作的基础上，经过不懈努力，更使这门艺术达到了足以乱真的地步。

1956 年秋，上海科教电影制片厂拍摄了解放后第一部彩色纪录片《荣宝斋的木板水印》，解说词是叶圣陶先生写的，还得到了已经 96 岁高龄的白石老人的支持，在片子中辨认自己画的一幅《虾》。回忆起当时的情景，米先生还记得，“齐老人被接来，头戴黑色缎帽，身着紫红色‘寿’字长袍，拄着红木拐杖，仙风道骨，须髯飘飘。时值暑夏，店里唯一一台西门子电扇打开，因为太老，响个不停，把老先生的胡子吹得一飘一飘的”。

● 米景扬临摹的宋人《杂剧人物图》

墙上挂着两幅《虾》，一张是老先生画的，一张是木板水印复制的。其弟子王雪涛扶起齐老问："老师，您看看哪张是您画的呀？"齐老扶着眼睛仔细看了一会儿，颤颤巍巍地说："搞不清楚！"这充分证明了荣宝斋木板水印复制技术的高超。

刚进入荣宝斋，米景扬在编辑室一边做编务，一边学勾描。勾描是木板水印的第一道工学，也是刻板和印刷的基础，至关重要。这就要求勾描者必须具备很好的笔墨基本功和较高的书画修养。于是，学画就成了他进入编辑室后的当务之急。

米景扬还记得，练习勾描是从敦煌壁画《飞天》开始的。一张《飞天》，他勾了半年，也数不清勾了多少张，老编辑才终于点头说："大致像个样子了。"此后，又经过两年多的练习，直到1958年，他才被允许正式参与勾描工作。

米先生正式勾描的第一幅画是齐白石的《海棠》，接着又用了7天时间，勾描了徐悲鸿的大幅《群马图》，难得的是，这块刻板直到现在仍在使用。1969年初，他与荣宝斋的几位老先生被派去故宫临摹古画，先后3年。期间，他临摹了《宋人册页》中马远的《孔子像》《宋人杂剧人物》等作品，这为他后来的花鸟画创作打下了坚实的基础。

## 荣宝斋藏龙卧虎

据米先生回忆，荣宝斋人才济济，除了一些领导和各个部门的老先生，即使勤杂工，也都是“专家”。

荣宝斋东侧的四合院，大家习惯称作“东院”，即很多人回忆中的荣宝斋“内柜”，雕梁画栋，匾额抱柱都是名人书法。1956 年以后，一直到“文革”之前，东院被誉为“画家之家”。东院“往来无白丁”，多是一些年纪较大的画家和领导。

为了活跃年节的文化活动，春节的时候往往在这里举行内部收藏展览。每届展览，都有一些中央和北京市的领导及文化界的知名人士前来参观。郭沫若、薄一波、康生、陈伯达、陈毅、萧劲光、萧华、张爱萍、傅钟等，还有文化部、文物局的领导，也是荣宝斋的常客。展览会期间，荣宝斋门前车水马龙，小汽车常常从门口一直排到胡同西口。

勤杂工姚为言在东院负责沏茶倒水，兼做卫生。老姚解放前是琉璃厂古玩铺的老职工，看明清旧活儿很有眼力；解放后没了工作，被人介绍到荣宝斋做勤杂工。当时很多领导拿来旧画让他帮忙长眼，老姚话虽不多，全凭他点头、摇头，一锤定音。康生、陈伯达来，有时也和他讨论几句。

20 世纪五六十年代许多人都喜欢郭沫若的字，并向他索要，郭老每周差不多都要到荣宝斋的东院来写字，以还“字债”。往往，他一写就是一个上午，因为这里纸墨笔砚都是现成的，十分方便。

● 郭沫若为荣宝斋题字

那时荣宝斋没有空调，夏天，郭老写得兴起，甚至脱去外衣，就像在自己家里一样，挥毫不止。他常常把图章存放在东院的服务员老姚那里，免得拿来拿去。一些人想请郭老写字说不上话，委托老姚求字，郭老大多都应允。

黄胄那时喜欢旧画，也常常拿画来叫老姚过目。有时黄胄在东院北屋画画，老姚殷勤服务，时而黄胄也给他画张小画。画坏的画，黄胄扔到纸篓里，老姚过后捡起来，有可取的部分裁下来，下次黄胄再来时，请他补一补或添个款，拿到门市也能换十几块钱。经济困难时期，北京有五块一斤的高级点心、高级糖果，但一般人不知道绒线胡同“四川饭店”有五块一餐的高级饭。老姚那时口中念着“吃小毛驴儿去了”，就奔四川饭店去了。

除了老姚，荣宝斋里藏龙卧虎很多。康生除了收集砚台，还喜欢收集各种各样的小石头，每个都有特点，有的是形状独特，有的是颜色鲜艳。为了让这些小石头显得更贵重，每一个都要配上底座。这些底座都是荣宝斋的一位老工匠给他做的。这位师傅的小器作手艺非常棒，康生常常找他帮着制作底座。

## “星期天画家”

丰富的藏画和门市部售卖的现当代大师作品，以及众多书画技艺精湛的老先生，使荣宝斋成为一座艺术的殿堂。米景扬利用

● 米景扬临摹王雪涛《草虫图谱》

● 米景扬作品

这得天独厚的条件，把荣宝斋当成了永远翻看不完的教科书。无论是黄筌之富贵，还是徐熙之野逸、徐青藤之天趣横生、八大山人之冷僻古拙；也无论是王雪涛的小写意，还是于非闇的工笔……他都用心体会、琢磨、学习。由于工作性质，可以接触到许多名家、大师，他们也成了米景扬最好的老师，一有机会，就向他们请教。

20世纪60年代，他常常在快下班时，到门市部去借王雪涛的画，回家当晚把其中的禽鸟和草虫临摹下来，第二天上班再送还给门市部。时间一长，就凑成了几丈长的手卷，临摹的各种神态的禽鸟草虫不下百只。一次，他拿给王雪涛老先生看，老先生非常高兴，说：“你放在我这儿，给我的学生看一看。”放了一个多月，后来听说王先生给许多来访者都看过，还对他的学生说：“荣宝斋的大米是个有心人，把我画的各种禽鸟草虫都给临摹下来了。”

“文革”后期，“斗、批、改”的高潮过去了，大家都感到无事可做，米景扬萌生了创作一些花鸟画的想法，只是想自娱自乐，不敢有更多奢望。“文革”结束后，虽然工作繁忙，他依然利用周末业余时间坚持练习。米先生说：“我按照黄胄先生教给我的办法，集中力量画一个题材，画好了再增加另一个题材。于是我先画梅花，然后画荷花，接下来画鸡……时间久了。终于有所收获。”那时，曾有人戏称米景扬是“星期天画家”。

1984年秋天，日本老书法家岛海硕率团访华，无意间看到米景扬的小写意花鸟作品，评价甚高，邀请其赴日举办画展。1985年，《米景扬花鸟画特别个人展》在日本有田市开幕，30多件作品

● 1990年米景扬等临摹的《江山如此多娇》被悬挂在人民大会堂迎宾大厅的墙壁上，代替原作迎接国内外的贵宾

很快被认购一空。其中一幅《樱花图》被誉为“绝妙之逸品”，以高价售出。这次展览给了米景扬很大鼓舞，此后，他先后在美国、日本、新加坡以及台湾地区举办过多次个人画展，并荣获“国际清丽”奖。

## 巨画《江山如此多娇》“出自”米景扬之手

如果米先生不说，也许很多人都不知道，人民大会堂迎宾大厅挂的巨幅国画《江山如此多娇》早已不是傅抱石、关山月的原作，而是出自荣宝斋的临摹专家孙树梅和米景扬之手。

1990年，人民大会堂的这幅巨画因漏雨造成画面局部损伤，而且发生干裂现象，如果继续陈列，必将受到更大的损害。但这幅画是1959年由傅抱石、关山月二位先生创作，毛主席和周总理亲自审定的，不好请人再画。而且，此时傅抱石先生已经故去，关山月先生年事已高，无力再做此事。最终，人民大会堂的领导决定，临摹复制一张供悬挂用，原作珍藏保护起来。

因当初创作这幅巨画时，从纸张选择、工具材料置办，到研墨、装裱，都是荣宝斋派专人负责的。31年后的复制临摹工作，荣宝斋自然是当仁不让。最终，荣宝斋决定，派孙树梅、米景扬，共同完成这一艰巨的任务，并派两位年轻画家担任助手。

临摹这幅大画，实属不易。原画长10米，高7米，共用了13张“丈二匹”纸拼接起来。为了既能表现好局部、再现笔情墨趣，又随时照顾到画面的整体效果，选用什么样的毛笔，配用什么样的颜色，米景扬等人都经过反复试验，力求做到与原作相同。

原来的“江山如此多娇”这几个字是毛主席写在信纸上，放大以后临摹上去的。孙树梅临摹书法的经验非常丰富，按照原画上字的尺寸直接临摹，效果几乎可以乱真。图章是请荣宝斋的篆刻家宋学伟仿刻好钤印上去的。此外，为了让画面整体感觉不那么新亮，他们还在上面涂了一遍自己调制的“旧色”，使之更加接近原作挂了30多年之后稍有黄旧的感觉。

经过近一个月的努力，临摹工作顺利完成。大会堂特别邀请了何海霞、白雪石两位老先生审定，并得到了他们的认可。据说，有一次关山月老先生来北京开会，也请他来鉴定了复制效果，得到了他的首肯。

## “我的收藏不值一提”

米先生十墨山房的收藏，在全国书画界也是屈指可数的。但在他自己看来，这完全是机缘巧合，做梦都没想到的事情。

刚参加工作时，他像那个时代的大多数人一样，懂得节省。每个月48元的工资，除了吃穿住行以外，一分钱都不舍得花。但他从小热爱字画，而且在荣宝斋工作，见到喜爱的作品，实在不能自已。加上解放初期，百废待兴，书画市场不好，很多书画家的生活窘迫。每年春节前夕，荣宝斋甚至都会列出一个生活困难的画家名单，由门市部去收购他们一两张画。

为了展示画家们的艺术成就，也为了解决一些画家生活问题，时任文联主席的老舍先生与中国画研究会的领导常常会在北海公园的画舫斋举办各种形式的画展。米景扬也是有展必到，因为价

● 于非闇创作于1958年3月的《柱顶红》

格不高，参加工作不久，便在展览上买了几幅字画。

1958 年 5 月的一次画舫斋的展览上，他看到一幅于非闇创作的《柱顶红》，创作于 3 月，并于 3 月 24 日发表在《人民日报》上。一打听，只要 15 元，他毫不犹豫就买下了。没想到，于非闇先生第二年 7 月作古，这幅画更显得珍贵。此后不久，他又以每幅 5 元的价格买了两幅于非闇的书法精品。

据米先生回忆，20 世纪 50 年代书画的价格延续了解放前的标准，齐白石的水墨作品每平尺在 10—15 元，着色作品也不过 20 元，8 平尺大幅作品不超过 150 元。他记得，有一位著名京剧演员，在荣宝斋买了一幅张大千 4 尺整纸（8 平尺）的山水，售价 150 元，在当时已经显得很贵了。1959 年，米景扬陪同一位荷兰政府官员参观荣宝斋，并代他选购不同风格又具代表性的画家作品。最终挑选了 20 多位名家的精品，有徐悲鸿的马、齐白石的虾、王雪涛的花鸟、许麟庐的民间玩具等，最后一算账，共计 1200 元。这在当时，对于荣宝斋来说都是一笔大生意了。

而古画、旧画更是没有市场，因为个人是不能随便买卖古画的，荣宝斋收购后也只能放到资料库里。他记得，一天，有位建工学院的学生拿来几幅古字画，其中包括米芾的《苕溪诗帖》，最终以 75 元被荣宝斋收购。

所以，有人以羡慕的语气评价米景扬先生："您真是有眼光，50 年代就开始搞收藏了！"米景扬认为这实在是谬奖，"当时我哪里会想到什么收藏呢？那时只有像张伯驹、惠孝同先生那样，藏

● 陈少梅先生创作的扇面《西园雅集图》

有宋元的多少真迹，才能叫收藏。我这种买几张当代画家的画，哪里敢提收藏？否则，编辑室的人都会笑掉大牙！我当时完全是因为喜欢它”。

米景扬买了画以后，往往拿到编辑室请大家一起欣赏。一次，一位领导见到，就问：“这些画是谁的呀？”得知是他这个小青年买的，便用轻蔑的口吻说：“你还买什么画呀！拿到门市去，让他们收购了得了！”这话虽然让米景扬有些扫兴，但他还是没舍得把画卖掉。

## 无心收藏，偶得至宝

米先生说，他的大多数藏品都是“文革”前那段时间勒紧裤腰带买下的。有一次，一位藏家拿来两把扇子。当时，荣宝斋的资料室还未成立，购买的字画暂时由经理室秘书保管，而扇子之类的小件还无力保管，故不在收购之列。米景扬走过去一看，竟是陈少梅的精妙佳作，一把是《西园雅集图》，另一把是《桃花源图》。对方开价每把 25 元，他当即向编辑室的老先生们东借西凑，以 50 元买下了两把扇子。不过，这使得半年多的时间他在经济上十分拮据，几乎缓不过气来。“文革”中有很长一段时间，由于搞运动、上干校等原因，他也没机会再买字画了。

此后，也有一些机缘巧合让米景扬偶获至宝。1999 年秋天的

● 张大千创作于1932年的《高士图》

● 范曾填补之后的《高士图》

一个中午，米景扬正和几位朋友在荣宝斋旁边的一间饭馆吃饭，听到外面有人吵架。出去一问得知，一位藏家拿了一幅张大千的画到荣宝斋拍卖公司拍卖，拍出后，买家不来取货，藏家只得把画取回去。但这位藏家正等着用钱，因此，在取画时，便和拍卖公司的工作人员发生了口角。米先生见状，粗粗看过画后，就以拍出的价格买下了这幅画，解了这位藏家的燃眉之急。

那时，米景扬与范曾同住一楼，因两人早在“五七干校”时便结识，而且相交莫逆，常常相互做客，喝茶聊天。买下这幅画的当天，他便到范曾先生家，请范曾过目，听听他的评价。这幅画是张大千 37 岁壮年时创作的，地点在苏州网师园。画面中下部一位高士坐在石头上读书，身旁斜立着一棵松树，意境高古，笔墨纯熟，人物造型清雅。然而，从构图上看有些单调，斜立的树干如对角线，画面略显单薄，虽然不失为张大千的佳作，但也颇有令人遗憾之处。

临走时，米景扬要把画带走，范曾却说：“先挂这儿，我再看看。”第二天一早不到八点，范曾便打电话让他过去。等米景扬再次见到那张画时，几乎惊呆了。墙上挂着的仿佛是另外一幅画：高士变成了两个人，石头上又坐了另外一位高士，盯着原来那位高士手中的书；身后的孤松也补成了双松，相互扶托。而且，画中添补的人物造型、神态、衣纹、用色，以及松树的枝干、苔点，都与张大千原作的用笔、运墨完全一样。

不久前，正值拍卖高潮，几位画廊经理到米先生家做客，其中不乏鉴定张大千画作的专家。他挂出了这幅张大千的《高士图》，并拿出未补之前原作的拍卖图录，请大家欣赏，众人都百思不得其解。得知真相后，都赞叹不已！

米先生对于近些年中国书画拍卖行情一路高涨也表示惊叹。自1998年退休之后，他便专注于收藏和作画，对于书画行情的火爆有着切身的体会。

2001年，他花了21万元从朋友手中收得一幅徐悲鸿的《天马行空》。虽然觉得这幅画气势豪放、不拘一格且流畅自然，可算得徐悲鸿的一幅佳作，但并没有想过后来会有多大的升值潜力，一直藏于柜中。2008年，在一家拍卖公司的劝说下，米先生挑选出一批画作参加拍卖，就翻出了这幅《天马行空》。让他意外的是，这幅画一经亮相，便引起很大轰动，最终以610万元成交。“这是我第一次感到惊讶，一幅画怎么能够卖出这么多钱啊！我现在所住的这栋房子，就是用卖这幅画得来的钱买的。”2009年秋天，北京保利艺术品拍卖会上，“十墨山房专场”共拍得5480多万元。

如今，“十墨山房”早已被圈内人所熟知，米先生的100多幅近现代名家精品藏画，几乎涵盖了20世纪中国书画的主要成就。

# 姜德明

## 书与人一样，彼此都老了

■ 喜欢读书的人，极少有不知道姜德明先生的。姜先生以收藏新文学著作版本为主，巴金曾说，现代文学藏书，除了唐弢，便是姜德明了。姜先生 1948 年开始发表作品，著有散文集《南亚风情》《绿窗集》《清泉集》《寻找樱花》《雨声集》《流水集》《与巴金闲谈》《姜德明书话》《余时书话》，随笔集《书叶集》《书边草》《书梦录》《活的鲁迅》等，编著《书衣百影》等。

20 世纪八九十年代，《文汇读书周报》《中华读书报》《书屋》《书与人》《书城》等一些与读书有关的书报刊物被很多读者追捧、品读，姜先生的名字时常能够见到。时过境迁，网络信息化时代让人们早已失去了读书的耐心，经典早已被快餐式的大众文化取代。也许正因如此，当我在电话中第一次提出采访请求后，便被他委婉地拒绝了，“采访就算了，我收的那几本旧书不值得一提，但欢迎你到家里做客”。

## 人和书一样，都老了

一天午后，我冒着炎炎酷暑，造访了姜德明先生的“无名书斋”。姜先生1950年从北京新闻学校毕业，分配至《人民日报》编辑部，长期从事文艺副刊的编辑工作，1986年离开这个平生热爱并工作数十年的岗位，主持人民日报出版社的工作，退休前担任社长职务。他住在人民日报大院家属楼，按响楼下的门铃，待我走上楼去，姜先生早已开门迎接。

一进门，我便感觉如同回到了20世纪80年代，安静简洁，没有华丽的地板瓷砖，灰亮的水泥地，四白落地的白墙，每一样家具似乎都已经有几十年的历史了。尤其引人注目的是客厅五组宽大厚实的书柜，一看便是20世纪计划经济时代的产物，外观简朴，无任何修饰，但质量可靠、耐用。书柜顶天立地，上下分别是封闭式的书橱，中间五六层玻璃门书架，每一层都里三层外三层摆满了书，书架搁板却没有因为承载太多的书而变得弯曲。除此之外，家中完全看不到任何数字化时代的影子，只有一台小电视摆在角落里。

我刚刚落座，满头银发的姜夫人便端来了两杯清茶。姜先生

● 藏书一瞥

身材不高，温文尔雅，虽已 85 岁高龄，却依然谈吐从容，思维敏捷。尤其佩服他的记忆力，说起十二三岁时读过的书、看过的电影，依然历历在目，一些细节描述得分毫不差。

书橱里的书，各种文集、工具书等琳琅满目，充分显示出主人的博学。但奇怪的是，并没有民国时期的旧书。还没等我问，姜先生似乎已经看出我的疑惑，他打开一组书柜的上下橱门，满满地摆放着一摞摞旧的发黄的书刊。姜先生家中，这样的书柜有十几个，分置于书房、客厅和卧室，虽然拥挤，却井然有序。他介绍说，那些珍贵的民国版本和建国初期版本的旧书，已经发黄变脆了，一

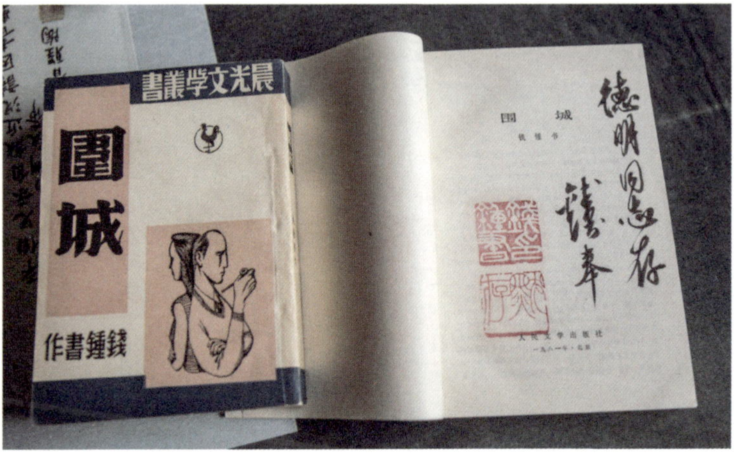


● “晨光文学丛书”版《围城》与钱锺书先生赠给姜德明先生的签章本

● 姜德明先生收藏的《白洋淀纪事》和《少年鲁迅读本》

般也不拿出来，有时翻检一次，往往是落“花”满地，不敢多碰，真是又爱又愁。相守了几十年，书和人一样，都老了。

不待我说，姜先生随意从书橱里抽出一本，钱锺书的长篇小说《围城》，1947 年 5 月由上海晨光出版公司出版，他爱不释手地摸索着说：“你看，这是第一版的《围城》，丁聪设计的封面。原来这套赵家壁先生编的‘晨光文学丛书’几十本一套我都有，‘大跃进’时都处理掉了，只留下了这本和老舍的《老牛破车》。”言语中充满了感情。这本《围城》伴随姜先生近 70 年，虽然纸已经发黄，但封面依然整洁，色彩浓艳，讲到当初在天津购买时的情景，恍如隔世。

## “现在看来，没烧对了”

姜德明先生爱书，从上学时就开始了。“我不是书香门第出身，父亲是个开纸店的掌柜，主要印制中式账本。可是他挺有生意眼光，同时还广收旧账本及一切书册，有的拆改成新账本，有的分类后送交两家造纸厂。生意兴隆时，还请天津相声演员戴少甫、太平歌词演员秦佩贤在一家商业电台上报过广告。”姜先生回忆道，他到店里玩，偶尔会从父亲收来的旧书中捡几本有兴趣的带回家看，他记得有抗战前的《良友画报》《论语》等杂志。

渐渐地，天津天祥商场二楼的旧书摊，留下他无数难忘的少年记忆，“当年我在天津读中学的时候，宁愿整个下午旷课，也要泡在天祥商场的旧书摊前。那个商场的一楼是花花绿绿的老爷太太们的世界，一上二楼却非常冷清、灰暗，转一个大圈儿全是旧书摊。旧时代的天津真是一个畸形的城市，就在这灯红酒绿的繁华天地中，却存在这么一小片少人问津的文化绿洲……”那里成了姜先生魂牵梦绕的去处。另外，旧城北门西的旧书摊也是他经常光顾的地方。正是从这些旧书摊上，他开始爱慕知识、爱好文学、喜爱藏本的。

“当时我还是个学生，但并不用功，一切从兴趣出发，下午常常逃学，不是看电影、话剧、曲艺，就是往天祥商场去逛旧书摊。身上也没什么钱，就跟家里说学校要交书本费，骗些零花钱，见到便宜的书就会买一些。那本《围城》就是我在当时买的新书。”那时姜先生并没有专门收藏什么书，看见鲁迅、巴金、老舍等语文课本上出现过的名字，格外兴奋，觉得与他们的距离一下亲近了许多。“课本上只有一两篇文章，在书摊上一看原来他们有这么多作品，对他们比较有兴趣。我的不少知识和新文学藏本都得自那儿。我对它至今留有一种怀恋之情。”那时的阅读和购买没有章法，姜先生说起他少年时代的一件趣事：有一次在书店，“见到一位风度典雅的少女买了一本屠格涅夫的《春潮》”，自己便“莫名其妙”地也跟着买了一本。

1950 年，年仅 21 岁的姜德明，决定到北京新闻学校学习，“这可不是一般的学校，是个革命干部学校，进了那所学校就等于参加革命了”。为了表示同旧我告别，他把此前收藏的一些书刊杂志，如解放前的电影杂志、《联合画报》、新民印书馆敌伪时期出版的文学图书等，一股脑儿全送了人。现在想起来，姜先生还有些悔意。好在同一时期，他先后读了郑振铎、阿英、唐弢等人的书话以及林辰在开明书店出版的《鲁迅事迹考》，“知道书林深处神秘无穷，值得去探险”，特别是唐弢的书话，“好像送给我一份搜集中国新文学版本的‘白皮书’”。这些对他的藏书都产生了不小的影响，特别是对鲁迅及新文学版本的兴趣，使得一些藏书得以保留。

到了北京，姜先生先后与西单商场、东安市场为邻，那里成了他淘书最常光顾的去处，还有隆福寺、国子监、琉璃厂、灯市口等许多北京旧书摊的集中地，都留有他的足迹。“20世纪60年代初，中国书店在国子监开设内部门市部的时候，我和阿英、唐弢每礼拜都在那儿聚会。先是各自挑书，然后我看他们都选了些什么好版本。我几乎对每本我所不藏的书都艳羡不已，恨不得也一一搜得。那时我们家的工资都放在一个书柜里面，经常就被我掏空了。夫人问起来，我就说，我没动！”姜夫人在一旁听到，忙说：“我那时连做件衣服的钱都没有，全让他买书了。”

这时，姜先生从书桌的抽屉里拿出一个透明袋子，让人惊讶的是，他连当时的购书单据都还保存着。厚厚的一摞，整整齐齐地装在袋子里，最早的到“文革”前，清楚地记载着每一次所购书目。他玩笑着说：“这就是证据啊！那时我们还要养3个小孩，紧张的时候买月票没钱，把孩子攒的硬币倒出来，去东华门换月票都不

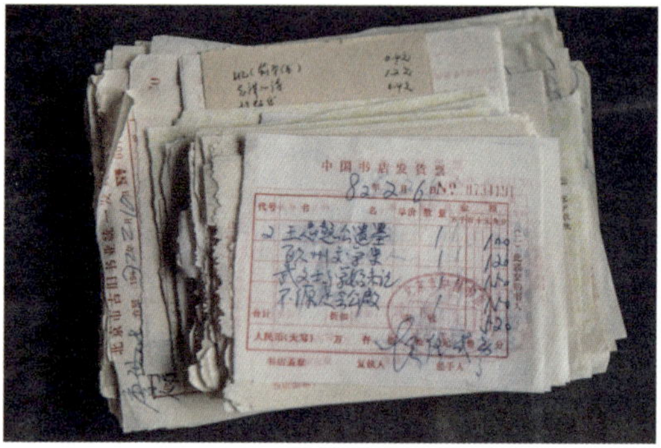

● 姜德明先生的购书单据

好意思。我掠夺了我家所有人一切娱乐的机会。”

到 1958 年大炼钢铁，在“炼钢又炼人”的整风会上，有人对姜德明提出质疑：“年纪轻轻，就对 30 年代的文艺感兴趣，收了那么多旧书。”姜先生回忆：“听到人家这么说，我有些消极，节衣缩食买了那么多书，都变成了资产阶级。觉得还是少知少闻有好处，一赌气就卖掉了一些。‘晨光文学丛书’就是那次处理掉的。”

到了“文革”，姜先生早已觉悟。“文革前夕，我处理了一批书，那时，我就已经感觉到《列宁全集》《斯大林全集》没有必要留着了，卖掉了一批这类书，而旧版本的新文学书刊，我一本也没卖”。此外，“文革”中，他还烧了 3 本书，“一本是《〈赛金花〉公演特刊》，那里面有江青的剧照；一本是赵银棠在敌伪时期写的小说，有关妓院生活的，当时就怕造反派查到，说你除了反动还有黄色，其实那书没有黄色；还有一本是胡风的《棘原草》”。

当时风声很紧，人民日报社的宿舍院里都贴上了大字报，姜先生此次可谓破釜沉舟了。“我女儿说，楼下人家都烧书呢。我问，都烧的什么？她说，什么都有，一堆一堆的，《红楼梦》《水浒传》什么的。我从楼上往下看看，好几堆火，就说，那我这书要烧，都得烧了，从楼上搬下去太麻烦。干脆，谁要来抄，谁再搬下去烧。结果一本也没烧，现在看来，没烧对了。”

## 藏书有道

“文革”后，姜先生又开始逛琉璃厂，这对于他是一个千载难逢的机会，不光是古旧书刊收藏，字画、瓷器、邮票、明清家具，当今有名气的收藏大家，差不多都是从那时开始下手的。姜先生书话中介绍的现代书刊中的相当一部分，也是这个时期收集的，包括林纾、李公朴、周作人、巴金、曹禺、叶圣陶、夏衍的签名本，更可贵的是，黄裳、唐弢、萧乾等大家的签名本上还有亲笔题跋。

姜德明先生的藏书没有经过系统的整理，他自己也说不清具体的数字。“收藏了几十年，应该有几万册了。藏书的内容亦如滚雪球，是连锁反应的。比如我原先不收线装书，但是有些新文艺书是以线装形式印制的，如《志摩的诗》、刘半农的《扬鞭集》、俞平伯的《忆》《燕知草》等，我当然要收藏。又如，因为研究鲁迅，

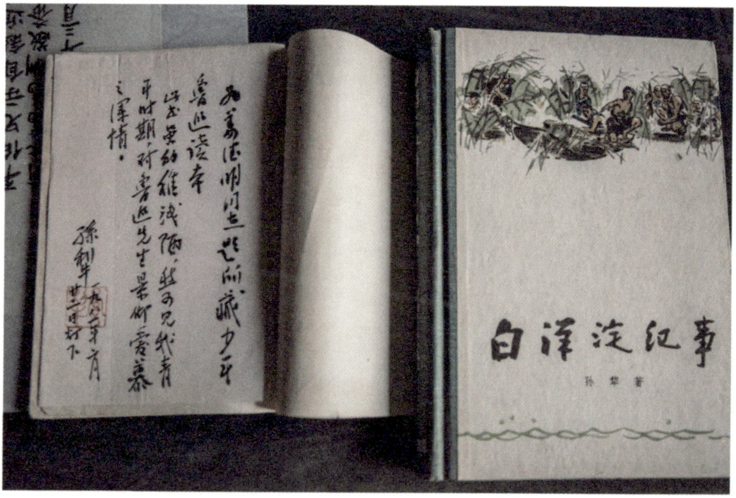


● 孙犁为姜德明先生收藏的《少年鲁迅读本》题签（左）

凡与鲁迅有关的古籍或与他有关的同时代人的旧体诗词集等，我也搜集了不少。诸如沈尹默、陈师曾、乔大壮、寿玺等人的集子，甚至他们的书法、篆刻集也收了。多年来常跑旧书店，见到稀见的古代刻本，纸好墨好刻工也好，价钱又公道，舍不得不买，所以也有一两本明版书。”

姜先生对新文学书刊的收藏，是从鲁迅开始的，有关鲁迅的书刊，包括鲁迅的著译、鲁迅参与筹划和编辑的书刊、与鲁迅关系密切的人的著作，以及大量与鲁迅有关的书刊资料都是他收集的对象。在淘书的过程中，他发现了许多不为人知的奥秘。“似乎没有人说过知堂（周作人）是位藏书家，因为他同乃兄鲁迅一样，买书并不讲究。解放初期，我在东安市场和隆福寺的旧书店里，经常能见到钤有他藏书印的各种藏书，既有日文的，也有平装铅印本，更多的则是线装书，甚至书上还有他的墨笔题跋。我藏有清咸丰四年（1854）吴仲仙著《读诗一得》，扉页上就有知堂题赠钱玄同的几行字，名后钤有二印。”

鲁迅及知堂的老友陈师曾殁后，琉璃厂的淳菁阁于 1924 年 2 月至 1925 年 11 月，先后出版了《陈师曾先生遗集》十册，后又问世两册《北京风俗图》，加在一起是十二册。周作人曾反复表达他对《北京风俗图》的喜爱。他于 1950 年 3 月 18 日在上海《大公报》介绍此书时说：“师曾此卷，已极难得。”又说：“民国十七年由淳菁阁影印出版，大本两册，今淳菁阁早已关门，此书绝版久矣。”

一次逛旧书店，姜先生恰巧购得《北京风俗图》，翻开一看，

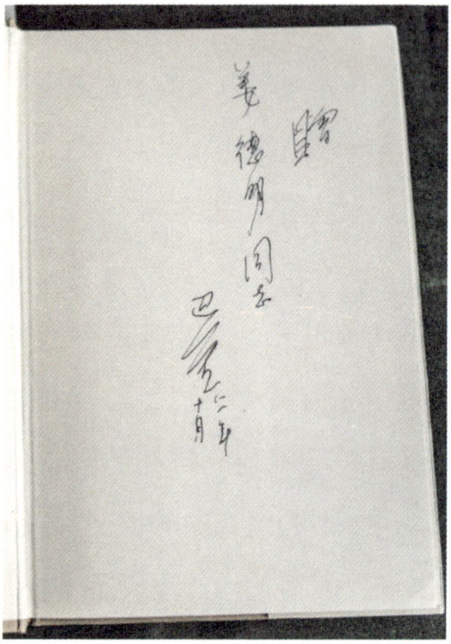


● 巴金《创作回忆录》签名本

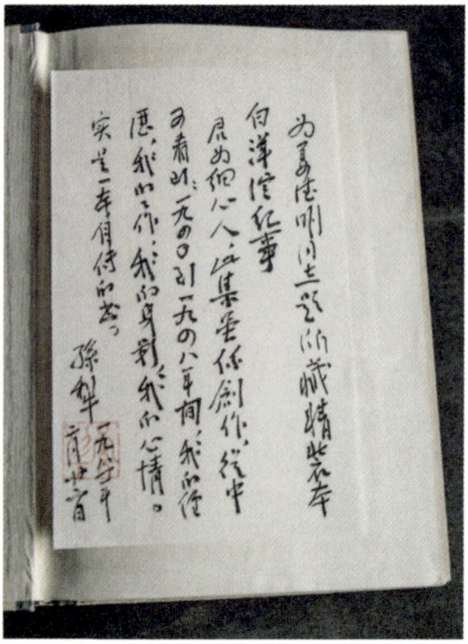

● 孙犁为姜德明先生收藏的《白洋淀纪事》题签

正出自周作人的苦雨斋，如此书缘真是可遇而不可求。

姜先生还收集了很多鲁迅早期翻译和编辑的书刊，如鲁迅主编的《萌芽月刊》1930 年 1 月上海光华书局出版创刊号；鲁迅、柔石等翻译的“近代世界短篇小说集”《奇剑及其他》1929 年 4 月上海朝花社初版本；日本片上伸著、鲁迅译《现代新兴文学的诸问题》46 开袖珍毛边本（1929 年 4 月上海大江书铺出版）；1943 年 7 月华北书店出版的《阿 Q 正传》徐懋庸注释本等。

姜先生还很注重收藏一些新文学译著，包括郭伯恭、李满红等无名文学青年的著作，名家作序、设计封面或签名的本子，装帧富有特色的线装本、毛边本，以及在抗战艰苦环境下革命根据地和解放区出现的那些印数不多的土纸本。他说：“‘文革’后期，人们都不重视这些旧书，重庆时期印的土纸书在东安市场卖得最便宜，有些才一角几分钱。”他在《梦书怀人录》的代序中说：“我的新文学藏书原先是有个范围的，即限于散文、杂文和报告文学之类，长篇小说和翻译不是重点。而且淘书时十分注重书品，缺页短封面或无版权页的绝对不收，价钱太贵的也不收。因此，我也漏收了不少应收而未收的好书，现在后悔不及。”

也许与他多年从事文艺副刊编辑有关，文艺刊物，特别是那些老编辑、老出版人所编的刊物，文人在抗战的艰苦环境下编的刊物和屡遭文网查禁的“短命”刊物，也是他淘书的主要目标之一。

此外，从个人兴趣出发，从小便喜欢看戏的姜先生，还会收集一些有关梨园掌故、剧界名伶的书籍，以及有关民俗的书刊，比

● 周作人的八方印章

如近代写北京风物的竹枝词和笔记小品、记录“宫廷故实”的清宫词，还包括歌诀、儿歌一类似乎不登“大雅之堂”的东西。

在姜先生这些众多的藏书中，最为珍贵的当属毛边书和如今难得一见的孤本、善本，如俞平伯的《忆》《燕知草》、白宁的《夜夜集》、卞之琳的《音尘集》等。他深解毛边本的趣味，但并不拘囿于此，不以“毛边党”自居，“我不否认我爱书，有时甚至会如醉如痴，但我从来也没想过要专门收藏孤本，或以此为荣。孤本太多了，岂不显得寂寞孤单，人慢慢会变得乖癖无聊的”。

## “余时”书话

自 20 世纪 90 年代后，姜先生很少去逛旧书摊了，“一是身体不允许经常出去费力淘了，二是这类书在市场上越来越难见到，价格也是高得离谱，现在旧书市场上有的新文学毛边本竟要一两千元，真是有些让人想不通，这样的书在 20 世纪 80 年代最多也就要几十元，不过仔细想一下，也说明这样的书真的是少了，见到或者买到手的机会也少了”。而且，在寸土寸金的大都市里，藏书空间紧缺，不仅得蚕食家人的地盘，还可能遭管房人的白眼：“人还没地方住呢，你倒想给破书找地盘。谁让你买旧书的你去找谁！”虽说“藏书家的乐趣在于随时可以摩挲自己的藏书”，但这又谈何容易啊！

中国新文学书刊诞生距今虽不足百年，但在战火的吞噬和人为的破坏下，遭到的损失却几乎是毁灭性的，许多老版本至今难以寻找，大量的资料随之湮灭。姜先生曾说：“爱书、藏书是一个人精神上的享受，再从这些书里得到一些知识和感悟，这才是最有价值的。我收藏书，一是喜欢，二是我把从书里找到的别人不知道的东西，写出来，印出来，让更多喜欢书的朋友了解这些东西，这才是我在藏书中得到的乐趣。”

得知姜先生的藏书，几乎都源于他的书话作品。他在长期从事报纸文艺副刊编辑工作之余创作了大量书话作品，“余时”也就成了他的笔名，即业余时间写作之意。在《余时书话》的“小引”中，他这样写道：“近年来我在翻检旧藏书刊时，那焦黄发脆的书叶早已经不起反复摩挲，事后往往是落华满地，爱也爱不得，碰也碰不得。书与人一样，彼此都老了。我们相守了几十年，怎样才算个了结？我想最妥善的办法还是选择一些稀见的版本，一一写成书话，亦不枉我们相聚一场。这里当然包含了我耗去的一些光阴，以及我的一份感情。我为伊倾倒过、迷醉过、欢愉过，也曾经为之懊悔过、担心过，甚至想一把火毁灭之。然而，终于还是旧缘未了，不能负心忘情。”

姜先生的书话写法灵活，不拘一格，书籍装帧、书名释义、内容介绍、写作特色、作者情况、出版风波、书后故事、阅读感受……内容十分丰富，但总离不开谈人、品书、论事。他认为：“书话不是书评，也不是理论文章，似乎更近于谈书的掌故，倘能引起人们爱书的兴趣就很不错了。”

他非常赞赏唐弢在《晦庵书话》中关于书话的那段经典论述，但姜先生同时指出：“我们也不能机械地理解为书话必得抒情，一定谈掌故。这要因书而定，不能勉强。以知识为主没有错，写得生动活泼一点也是必要的。”

“我时常从故纸堆中拣拾些几乎被人忘记的书册，告诉别人一点自以为有趣的事。有时我也生疑，一部现代文学史怎能容得下那么多人名、书名，即使不知道那些陈年旧账又有何妨？人们不都愿趋时和喜新厌旧嘛！然而冷摊得来的残书行将湮灭，偶尔翻翻，依然新鲜，于是故态复萌，重又写起书话来。管它有无资格入史，就让这些史外的散叶随风飘零吧。”他在《走出“花香街”》一文中如是说。也正是这样的心态，才让他的文章越发朴实自然，从容流畅。

20 世纪 80 年代中期，姜先生调到人民日报出版社，他在翻看旧书残丛时，总不忘体会其编辑思路和技巧，对出版编辑艺术有着高度的自觉。他曾撰写过《茅盾的编辑艺术》《注重附白》《文坛消息》《朱光潜编〈文学杂志〉》《郭沫若编〈中原〉》等文章，专门谈论编辑艺术，如看重评论，及时利用加注、附记、简评、补白等形式，与作者和读者进行交流，注意提供文坛消息、出版各种专号等。

作为一位出版人，他很注重老出版社的传统和经验，如在他的《书梦录》中，有几篇文章就谈到了上海开明书店、上海北新书局、上海良友图书公司等老牌出版公司的工作作风、经营方式、促销手段，如“开明书店读者调查表”、《青年界》的优待券、“良友”的信卡等。

除了内容，姜德明对于书籍的装帧设计也非常关注，曾专门撰文介绍过丰子恺、闻一多、陶元庆、叶浅予、廖冰兄、丁聪、司徒乔、陈之佛、卞之琳等十多人的封面画，丁聪、费新我、叶鼎洛的插图，钱君匋的装帧画例，西厓的装饰画……

此外，即使一些旧书刊上刊登的书讯广告，他也没有放过，并把这些广告摘录整理发表在人民日报出版社的“书讯”小报上。总之，只要与书有关的，没有他不爱的，没有他不研究的。他的所有兴趣和生活，都融入了这些藏书之中，他在每一篇文章中谈到的每一本书刊，每一份文献，都浸润着发现时的欣喜。

如今，旧书摊已经不复存在。他在《书摊梦寻》的小引中如此写道：“如今我真的有点怕买旧书了，至少如一位不相识者在一家读书报刊上说的，有点不便再进旧书店。因为我实在说不清什么书可以升值，什么书不能升值。怎么办呢？只好在自存的旧书堆中去寻梦。摊开几本旧藏，任意浏览翻检，居然在自家屋里摆起了旧书摊。”

# 王世襄

## 被曲解的『玩儿家』

■ 王世襄被称为“京城第一玩儿家”，雕塑、建筑、漆器、家具、竹刻、绘画、铜佛、鸽子、蟋蟀、蝈蝈、大鹰、獾狗、乐器、美食……涉猎之广泛，研究之深入，世人难以望其项背。

王世襄的藏品非常丰富。2003 年嘉德秋拍“俪松居长物——王世襄、袁荃猷珍藏中国艺术品”专场，公众也只是窥其一斑，要得其全貌几乎是不可能的。

作为不可多得的文物收藏家，王世襄的收藏与众不同，这使得他的藏品成为收藏界的代表性符号。这些藏品一旦被拍，便一入藏门深似海，很少再在市面上露脸。近十年来，见诸拍场的俪松居旧藏仅有“大圣遗音”唐琴、六朝铜狮子卧像、明张仙铜造像等，其拍卖结果也无悬念，基本上都是当年成交价的几倍甚至几十倍。

其中,2003 年“大圣遗音”以 891 万元创当时古琴拍卖的世界纪录，而当它 2011 年重现江湖时，最终以 1.15 亿元成交。

## “我不是一个收藏家”

王世襄爱物件儿，他曾有个外号，叫“柜人”。1976 年唐山地震，当天夜里，王世襄家院子里的东厢房屋脊掉下一块。第二天，周围所有居民都集中在院子里搭床过夜，由于王世襄不愿离开家里的物件儿，便在自家紫檀大柜的搁板上铺上毯子，人钻进去，躺在上面，勉强能把腿伸直，就这样，在连续数月的防震抗震期间，他当起了“柜中人”。

王世襄喜欢收藏，但他对收藏有着自己的认识：“我不是收藏家，做收藏家必须要有实力，有钱，才能买。我的好些东西都是这捡一点，那捡一点，也许这件东西不值钱，可是我觉得它有其意义，就收下来了。很多东西买来时，已经残破了，到我手里把它修复。找人修复的过程中，我看老工匠怎么修，怎么做，像一个小徒弟似的。时间长了，他们也很喜欢我，大家熟悉了，有时候买点肉，买点烧酒，一块吃，就交上朋友了。我便问这问那，记录下来，是这样积累起来的，书上根本找不到的。”

所以，王世襄又被称为“玩儿家”，但无论是哪一样玩意儿，在他的手里都玩儿出了学问，也才有了他的诸多作品，如《明式家具研究》《髹饰录解说》《中国古代漆器》《竹刻艺术》《说葫芦》《蟋蟀谱集成》《中国画论研究》《明代鸽经 清宫鸽谱》等。收藏家马未都曾如此评价这位长者：“他是一个对生活非常豁达的人，旧社会他可能是贵族身份，后来没落了，不断遭遇打击，无论人生多么低谷，他一直都坚持一口气，坚持到他最后功成名就为止，这一点我佩服得五体投地。诗人和考古学家陈梦家当时因为受不了打击而自杀，王世襄说，如果不是因为陈梦家自杀，他可能不会去研究明清家具，所以王世襄不是灰暗的，是阳光的，否则也不会有后来那么大的成就。”

在王世襄看来，人与文物，聚散有时，“‘文革’期间，街道上都是娃娃，都是红卫兵，他们什么也不懂，看见文物就砸。我想不如找自己本单位，由单位的人抄去，他们会上交，不会毁掉。至于是不是我的，我不在乎，抄家的时候，我脸不红，心不跳。所以，我对收藏有另外一种看法，不是说我拥有多少财富，我是要理解这东西，对这件东西有一个说法，有一个评价，从它身上可以得到什么知识，或者解释出什么”。

耄耋之年，王世襄开始考虑如何处理自己的藏品。“我岁数大了，我愿意把我的收藏自己处理掉。如果送给博物馆，博物馆的管理员不一定懂，保存得不一定好。因为他们对这些东西没有感情，也不爱好。不在于多少钱，要紧的是对这些东西的理解，知道它在中国文化史上的地位，它是怎么制作的，用它来解释中国的工艺，解释中国的文化，解释中国的历史，这样更有意义，而不是

● 王世襄出生在北京东城芳嘉园这个四合院里。原本是芳嘉园3号，20世纪60年代北京改了一次门牌，变成了15号

要占有”。

此外，家里的条件，也使得王老先生不得不考虑为毕生的收藏找一个安稳的去处。“我家里已经没法子存放这些家具，我那老房子后面都是小厨房，后院有5个小厨房。如果哪个厨房一着火，房子完了，家具也完了。我此前跟文物局说过，他们说，我这家具很珍贵，但他们也没办法，也不能把那5家搬出去，最后只搁几个灭火器了事。我怕万一出事，我便不能再替国家保留这些东西。东、西厢房本来都是我家的，后来给房管局占了。谷牧带着陈希同上我家来，我想把那两边的厢房要回来，摆些东西陈列一下，人家来了也好参观。但一提到这房子的事，他们再也不来了。”

王世襄是在北京东城芳嘉园胡同这座四合院里出生的，在这里生活了80多年。四合院从大宅院变成了大杂院，最后更逃不过拆迁的命运，被夷为一片平地。

1998年，王世襄将珍藏的79件明清家具以200万元的超低价卖给了好友、香港商人庄贵仑，条件是，对方要将它们全部捐给上海博物馆。据说，王世襄只提了一个要求：“价钱你看着给吧，够我在北京城买得起一套公寓就行。”他这样解释：“我对任何身外之物都抱‘由我得之，由我遣之’的态度。只要从它获得了知识和欣赏的乐趣，就很满足了。遣送得所，问心无愧，便是圆满的结局。想永久保存，连皇帝都办不到，妄想者岂非是大傻瓜！”

● 王世襄与夫人在芳嘉园小院的家门口

## 从“玩物”到“研物”

王世襄出身官宦世家，祖上三代都在朝廷做官。父亲王继曾（字述勤）从清朝到北洋政府一直从事外交工作，还做过张之洞的秘书，民国后担任驻墨西哥使馆公使兼理古巴事务，后又担任北洋政府的国务院秘书长。母亲金章，号陶陶，亦称陶陶女史，婚前曾留学英国，学习西洋美术，婚后又随同丈夫出使法国，擅画鱼藻，她的《金鱼百影图》现藏故宫博物院。“小时候，我哥哥很早就去世了，我算是独苗，母亲就特别宝贝我。那时候，她的想法是，凡是对身体无害的，你爱怎么玩怎么玩，抽烟、喝酒绝对不许。所以我还去学摔跤，养鹰遛狗，这都是一般学生干不了的事情。”王世襄如是说。

10岁时，王世襄被父亲送到美国人在北京办的一所学校念书。他在这里学到一口流利的英语，同时，也让他离“好学生”渐行渐远。玩儿成了王世襄的主业。小学阶段，他开始养鸽子，“一连数周英文作文，篇篇言鸽。教师怒而掷还作业，叱曰：汝今后如再不改换题目，不论写得好坏，一律P（poor）！”稍大，他到坟地里抓獾，养鹰。常见情形是，鹰逮兔子，人逮鹰。少年王世襄一跑就十里八里，身体练好了，读书也耽误了。老年王世襄回忆：“十来岁时我开始养鸽子。接着养蛐蛐，不仅买，还到郊区捉。也爱听冬日鸣虫，即野生或人工孵育的蝈蝈、油壶鲁等。鸣虫养在葫芦内叫，故对葫芦又发生兴趣。尤其是中国特有的范制葫芦，在幼

● *1936*年，燕京大学时期的王世襄在王家花园里

嫩时放到内壁刻有阴文花纹的模子中，长成后去掉模子，葫芦造型和花纹文字，悉如人意。这是中国独有的特种工艺，可谓巧夺天工，我也曾试种过。十六七岁学摔跤，拜清代善扑营的扑户为师。受他们的影响和传授，玩得更野了——熬鹰猎兔，驯狗捉獾。由于上述经历，我忝得‘玩家’之名。”在生前文字中，王世襄总结自己玩好：“我自幼及壮，从小学到大学，始终是玩物丧志，业荒于嬉。秋斗蟋蟀，冬怀鸣虫，鞲鹰逐兔，挈狗捉獾，皆乐之不疲。”

20岁时，青年王世襄遵从父命，考入燕京大学医学预科系，这令他头疼不已，勉强读了两年，只拿到数理化三门均未及格的成绩单，险被开除，好在学校允许转系，他便从医预系转到国文系。在这里，王世襄“本性难移”，有时臂上架着大鹰，怀里揣着蝈蝈就来上课了。一次，燕大知名教授邓之诚正站在讲台上讲授中国历史，王世襄怀里的蝈蝈响了，邓先生恼羞成怒，把王世襄赶出教室。燕大另一位教授洪煨莲，更是把这个精力旺盛却“玩物丧志”的学生称为“未知数”。

25岁时，王世襄母亲病逝，让这个“未知数”有了变数。“母亲去世对我打击很大……她这么培养我，又这么放纵我，让我玩，我要再这么下去，对不起家庭，对不起老师，所以我幡然改悔，狗成了看家狗，鹰也不养了，鸽子也送人了，我是整个一个大转变，什么都不玩了，专心写论文。”

1941年，王世襄从燕京大学研究院毕业获得硕士学位。他当时最大的心愿就是到故宫工作，一心要为中国建设一座设备完善

● 少年王世襄与父母

的博物馆。当时，日军已占领北平，王世襄辗转南下到达四川，最后选择跟随梁思成，加入营造学社。“我想来想去，就跟着梁思成当学徒去了。到那我才开始学古代建筑，古代建筑艺术性很高。我这一步走得很对，可以接触很多有学问的人，同时跟梁思成学建筑，跟我后来研究家具也有关系。所以我自己回想，我选择的路很正确。”

抗战胜利之后，王世襄终于跨入故宫大门，干起了保护文物的工作。1946 年 12 月，他只身赴日本，追回古代文献共 3286 部，34970 册，其中很多是国宝级的，如宋刊本《五臣注文选》《后汉书》《礼记》，明写本《永乐大典》数卷。王世襄说，自己一生做过两件最有意义的事，第一件事就是为国家收回了 2000 多件国宝，现存于故宫博物院。第二件是对中国现存唯一的古代漆工专著《髹饰录》进行解说和反复修订，并最终写成专著《髹饰录解说》。然而，这些回归的文物，却成为王世襄直到晚年依旧挥之不去的心结。

王世襄人到中年，本应在《中国画论研究》完成之后，做出更大的成就。可惜，从 1952 年到 20 世纪 80 年代中期《明式家具珍赏》和《髹饰录解说》出版之前，他竟沉寂了近 30 年。

1949 年夏天，王世襄结束了他在美国参观博物馆的行程，推辞了多所大学的聘请，匆匆回到祖国，重回自己在故宫博物院的工作岗位。然而，等待他的却是一连串的政治运动。在那 30 年里，王世襄在“三反”运动中被拘留过，因为曾在南京国民政府清理战时文物损失委员会工作，职责是追还抗战时期被劫夺之文物。这本是有功于国家民族之事，在“三反”中却被诬蔑为贪污盗窃国宝，后虽因没有证据被释放，但还是不明不白地被故宫辞退了。他后来谈到这段经历：“1951 年底，全国展开‘三反’运动，我家来了一帮人，就说我是国民党派来的，其实我跟国民党毫无关系，是梁思成、马衡推荐我去追寻国宝，我替国家拿回几千件国宝。他们却说我一定偷了东西，在东岳庙集中学习。思想交心坦白难，就是说不能说真话，说真话也要挨整。”王世襄晚年回忆道：“审查了 4 个月，没查出问题来，就送我到了公安局，用手铐铐了我 10 个月，还得了肺病。又查了 10 个月，还没查出问题，就把我放了，也不给结论，到现在也没有结论。”长达一年的审查，最后被无罪释放，不仅失去了工作，而且令他理想破灭，生活无助。此后，他遭受了一次又一次打击，反右时也被打成了右派。

## “我选择了自珍的路”

“凡是遭受这种打击的人，可能自寻短见，自杀了，也可能铤而走险，我跟你拼了。但对我来说，这两条路我都不能走，我选择了自珍的路。而且仅这样还不行，我不能虚度此生，我只有全力以赴老老实实做我的学问，写我的书。受的这些委屈我都不说，不想，我相信这样埋头 10 年、20 年、30 年，我的成就可以得到别人的承认，我最终做到了。可这 30 年不好过啊！”王世襄感叹道。

面对纷扰的环境变迁，老人不吭一声。几十年来，他守在书桌旁，不停地做笔记，不断研究，一笔一笔将心血化成文字。1985年，《明式家具珍赏》出版，王世襄研究了35年的成果终于得到了世人的认可，也将明清家具的鉴赏提升到了艺术的层面，掀起了收藏拍卖研究中国明清家具的热潮。

“我是一个书呆子，一心想出一本学术性的书。出版社方面说，你先别出这个，你要先出一本彩色的一定受欢迎。为了出这本书，我只有从我的研究里拿出一点东西来，拿出我能找到的实例。把我和其他朋友收藏的家具拍下照片。”他曾如此描述当时的情景：“出版社对拍照的要求很高，选择一种日本进口的背景纸，这种纸很贵，一两百块钱一卷，怕弄脏了，所以要用抹布把家具都擦干净，我还要脱了鞋把家具搬上去，费了很大劲。而且拍一次得请一次客，大伙帮了忙，连同摄影师以及一些帮忙的人，加一起有10个，我就得掏钱请人家吃一顿饭。那时候出一本书太难了，难于上青天。假如当时有人对我说，给我好好出一本书，出完书，我的家具都归他，我也许都会同意。”

有人说，王世襄治学凭两股劲：傻劲和狠劲。这是事实，他研究美术史、建筑营造以至明式家具，都以一种锲而不舍的精神，一钻到底，总要搞出个名堂来才肯善罢甘休。他做学问不单纯靠书本知识，研究漆器时，为了观察漆器实物，他常去故宫参观藏品，还经常去古玩铺、挂货屋，乃至冷摊僻市，搜集漆器标本，越是残件越重视，因为残件可以看到漆器的胎骨、漆皮及色漆层次等状况。研究明式家具，限于财力，王世襄只能与收购破旧杂货家具的旧货摊打交道。他经常冒着严寒或酷暑，骑着自行车，奔波于北京的街头巷尾。他在车后装了一个能承载一两百斤的货架，架上放着棉绳、麻袋片和大小包袱。遇到明式家具，能买得起的，他便买下，捆在车上带回来；买不起的，也要拍照或画图保存。

早年搜集明式家具过程中，他的足迹遍及北京方圆几百里，连通州、涿州、保定也不肯放过。大年三十，为了能从农家买到一件旧家具，他放弃与全家一起吃年夜饭的欢乐，在乡下睡冷炕，用脱下来的鞋垫在炕沿上做枕头。王世襄曾说："做事情没有不吃力的，不吃力做不出事情来。我为了研究家具去了三趟苏州、广州等好多地方，看了几万件家具，查了好多历史书。我觉得研究任何东西，第一位是实物，从实物开始研究最靠得住，因为它是实在的东西；第二就是制作，工匠怎么制作，用什么工具，甚至拆开来看；第三才是文献，文献都是文人写的，有时他并不懂，似是而非，有说得对的，也有说得不对的，你可以拿实物来证明文献的准确性，文献只能作为参考。"

20 世纪 80 年代，已是古稀之年的王世襄，要将儿时的诸多爱好写成文字。与晚年王世襄接触较多的赏石家沈宽记得，王世襄晚年专注写作，并经常提到的一句话：以前浪费的时间太多了，现在要赶快把满肚子的墨水变成文字。

王世襄将一些即将失传、偏门的民间游艺提升到可以登堂入

● 王世襄与老木匠祖连朋合影。解放前，北京崇文门一带，有家具作坊集中的一条胡同称“鲁班馆”，也是北京木器行会所在。祖连朋为鲁班馆的老师傅，后与“家具痴”王世襄结为至交

● 王世襄手捧爱心鸽子（2003年）

室的学术高度，他把赏玩葫芦、养鸽驯鸽、逗蟋蟀做成了精深却好玩的学问。他分别编著整理了《说葫芦》《明代鸽经 清宫鸽谱》《蟋蟀谱集成》等学术专著，记述生动，讲解精彩，具有极高的收藏价值和欣赏价值，中国传统文化中格物致知的精神在他身上得到了另类的体现。

张中行曾经回忆，有一次造访王世襄家，谈到蛐蛐罐，王世襄登高，从木柜上层摸出几个蛐蛐罐，让他看款识，摸内外皮，说必如此坚实光滑才是真的。屋内围炉摆着一圈养秋虫的葫芦器，里面有秋虫叫。打开一个看，里面立着一个大油壶鲁（北京旧称）。临辞，王世襄送他一部新出版的《蟋蟀谱集成》。回来路上张中行禁不住慨叹，真是“唯天为大”，竟能生出这样的奇才！张中行说：“在北京住六十年以上，见闻中学术界的人不少，还没有一个既读《说文解字》又养鹰兼斗蛐蛐的。”

黄苗子称，王世襄“是一个真正了解中国文化生活和民俗学的人，他做学问爱搞些‘偏门’，人弃我取，从不被注意的角度上反映中国传统文化”。王世襄是个乐观的人。在他的文字中，你很难读到他直接讲述苦难的文字，尽管在动荡的20世纪中，王世襄几乎尝尽了文人所能遭遇的全部苦难。作为“最后的文化贵族”，王世襄的离开，或许代表着一种旧时代风雅精致的生活方式的逝去。

● 王世襄藏火绘葫芦片嵌镶红木圆盒

● 王世襄藏三河刘棒子式小蝈蝈葫芦

● 王世襄藏三河刘和尚头式油壶鲁葫芦

# 田家英

## 以史为鉴的收藏

■ 田家英作为毛泽东的政治秘书，历经 18 个春秋。1966 年，由于受陈伯达、江青一伙的诬陷和迫害，含冤逝世。直至 1980 年平反，将封存长达 14 年的田家英遗物退还家属，自此小莽苍苍斋的藏品才得以重见天日。

人们都知道田家英因学养好、爱读书，深得毛泽东的器重和欣赏，曾戏言田家英将来的墓碑上镌以“读书人之墓”最为贴切。殊不知田家英收藏上也自成体系，通过十几年的搜寻，收得清代文人学者墨迹 2000 余件。据田家英二女婿、国家博物馆研究员陈烈先生的不完全统计，“文革”后保存至今的藏品还有 1500 余件，包括信札、书札、手卷、手稿、楹联、条幅等，涉及清代学者 500 余位，其中不乏谭嗣同、梁启超、康有为、王国维、袁枚、邓石如、

● 田家英藏书印

吴昌硕、蒲松龄、顾贞观、金农、林则徐、刘墉、龚自珍等各个领域的名家。

“小莽苍苍斋”是田家英的书斋名，源于谭嗣同的“莽苍苍斋”。田家英敬佩谭氏的骨气，所以将自己的书斋命名为“小莽苍苍斋”，他曾解释说：“‘莽苍’是博大宽阔、一览无际之意，‘小莽苍苍’以小见大，对立统一。”

回忆起父亲，田家英的二女儿曾自感叹：“其实很多人都说我父亲率真的性格并不适合当秘书，他的志向是修清史、做学问。”1959年庐山会议之后，田家英嘱托梅行镌刻一枚印章“京兆书生”，边款便是他那年所作的一首诗：“十年京兆一书生，爱书爱字不爱名；一饭膏粱颇不薄，惭愧万家百姓心。”

但田家英自幼修史的志向一直没能实现，而是将其寄托在了收藏清代学者墨迹之上。陈烈形容：“如今我们翻阅这批墨迹，有如翻阅一部近代历史的图卷。这里有太平天国、甲午战争、义和团等重大历史事件的史料，也有文字狱、评点《红楼梦》的记载。”

## 小莽苍苍斋收藏重见天日

田家英，原名曾正昌，四川成都人。1937年，15岁的他便奔赴延安参加革命。1948年起，担任毛泽东的秘书。新中国成立后，又担任中央办公厅秘书室主任、中央政治局主席秘书、主席办公

● 1972年，“文革”中田家英被迫害去世后，董边和插队从乡下回来的女儿曾自、曾立重逢

厅副主任、中央办公厅副主任等职务。1962年北戴河会议上，因包产到户的问题，田家英受到毛泽东的批评。直至1966年5月去世时，田家英年仅44岁，而他的遗物以及小莽苍苍斋的收藏也一直被封存在中南海永福堂中长达14年之久。

1980年，田家英得以平反昭雪。“当时，我母亲接到中央办公厅的一个电话，‘退生活用品’。”曾自回忆起当时情景依然历历在目，“我随母亲来到中南海，通报了姓名，有人把我们带到永福堂。然后来了一队解放军，一个大卡车，就往上搬，上面的土有一寸厚。”最后，田家英的夫人董边默默地在几十页遗物点交清单上签了字。

陈烈的印象里，刚见到这些东西的时候，是在岳母家。他帮着往楼上运的，堆了满满一电梯，一时没地方放，码在客厅像一座小山似的，“他们起初不太清楚是什么，没那么大兴趣，我是学历史的，知道这些都是好东西，心里激动坏了”。因为董边有哮喘病，加之睹物思人，这样一堆东西放在客厅来不及打扫弄得尘土飞扬，便说：“这么多咱们也没地方放，就是个念想儿，谁喜欢谁就拿走点儿，大家分散着留个纪念吧。”

当时，云南省历史研究所所长侯方岳正在北京，到家中探望董边。他曾是四川地下党，田家英参加革命的引路人，介绍田家英去的延安。董边便提出：“你要喜欢也拿几件做个念想儿。”侯方岳一听，第二天带着他女婿抱走了两大堆。

陈烈看在眼里，急在心里，“给我心疼坏了，赶紧收拾，别再让老太太看着，要不见谁让谁拿”。于是他又和妻子曾自商量：“咱们现在还不清楚，他当时收这些为什么。但是我想他一定有他的目的，我希望研究一下，因为我是搞考古的。我就跟我爱人说，把咱家的壁橱腾出来，都装这些东西。这样老太太眼不见为净，就不提这事儿了。”最后，他终于得到了岳母董边的认可，决定把这些藏品暂时留在家里。

起初，整理这些清代墨迹，陈烈心存疑惑：“我刚开始接触时，一点不清楚是怎么回事，就是一大堆东西。田家英先生的笔记是没有退回的。所以一开始整理这些藏品就是摸索着，不明白他当初为什么要收藏这些人的墨迹。如果是为了欣赏，不应该收藏这些人的，因为当时有很多收藏书画的，都是收书画方面的名家，而不是这些学者。经过这二三十年的整理和采访，才一点点理清楚，这些收藏远比那些书画名家的作品更具历史价值，且田家英的收藏也是非常系统的，在这一类藏家中可以说首屈一指。”

## 收藏源于修清史的夙愿

谈到田家英的收藏，不得不从延安时期说起。田家英在去延安之前，在四川当地已经小有名气，发表了大量的杂文、小说、评论等，而且在《华西日报》上和别人辩论，那时他才是一个十几岁的少年。田家英 3 岁丧父，9 岁失母，原本殷实的家境日渐败落。

他 12 岁辍学当学徒，15 岁靠稿酬收入独立生活，考上了中学。然而仅仅过了一年，就因参加抗日救亡活动，被校方开除。算下来，他在校学习的时间总共不过 6 年。他的学识，主要靠自学得来。

15 岁，田家英来到延安投身革命，就读于陕北公学。两年后，因其学识广泛，加之当时延安教员紧缺，而被破格提为教员，教授文史。也正是在这一时期，田家英常常在《解放日报》发表杂文，其中因《从侯方域说起》一文被毛泽东注意到，请他给刚从苏联留学回来的毛岸英当老师。

在杨家岭中央图书馆，田家英反复阅读了 20 年代萧一山撰写的《清代通史》。但由于受当时条件限制，大量新发现的史料和研究成果未能加以采用，给这部书留下很多遗憾。田家英那时就立志写一部清史，因为萧一山写《清代通史》的时候，也仅 20 多岁。

1949 年，北京解放。那时北京城的旧书摊比比皆是，琉璃厂、西单、东单、东安市场、前门、隆福寺都不难见到，不但书多，价格也便宜。对于酷爱读书的田家英，真是天赐良机，闲暇时光，几乎都沉浸在书中。大女儿曾立回忆："当时我父亲住在中南海永福堂，母亲是《中国妇女》杂志社的社长，为了工作方便带着我和保姆在灯市口住。我父亲天天晚上吃完晚饭，就来灯市口看望我们。这一路上，经过王府井、东单等地的一些书铺，常常抱着一捆书回来。"

此时，田家英逛书店，还承担着为毛泽东置办个人图书室的重任。凡买来的书，首先看主席那里是否有。一次，合作总社的邓洁告诉田家英，他们从没收的敌伪财产中发现了一部乾隆武英殿本的二十四史。田家英得知，虽然也一直梦想有一套二十四史，但想到主席还没有，立即差人取回送去。毛泽东极其钟爱这部书，20 世纪 90 年代线装书局便根据这部经毛泽东评点的史籍，影印出版了《毛泽东评点二十四史》。

在逛旧书摊的过程中，田家英发现，在一堆堆的旧书中，时常能够见到一些清人留下的信札、笔记等。这再次勾起了他一直对于清史的兴趣，开始有意购买。曾立记得，每到放寒暑假期间，父亲都会时常带上她和妹妹一起去逛旧书摊。“西单、东安市场、琉璃厂都是他经常出没的地方。好几次毛泽东有事找他，都是让卫士把电话直接打到琉璃厂的书店或者古玩店。那时，他领着我们，从中南海东门出来，穿过故宫的筒子河，一直走到王府井东安市场，路上给我们买个冰棍，还边走边讲故事。他特别爱讲古代的笑话，都是《笑林广记》这些笑话集里面的，我们一边听一边笑。那时候，东安市场、西单商场都是一个摊一个摊的，里面像小胡同似的，很多很多的旧书摊，卖旧书信的可多了，几毛钱一封。他就在那一张一张翻，看上很长时间。”

田家英刚开始收这些信札、册页的时候，是见到就买。收的东西逐渐多了，他开始有了想法，希望能把萧一山编的《清代学者著述表》中提到的学者的字迹都收齐了，表中共列举学者一千几百位。后来这本书就放在他的案头，每得到一件墨迹就在书中核对，并在其名下点个红点。他出差，这本书是从不离手的。他比喻说：

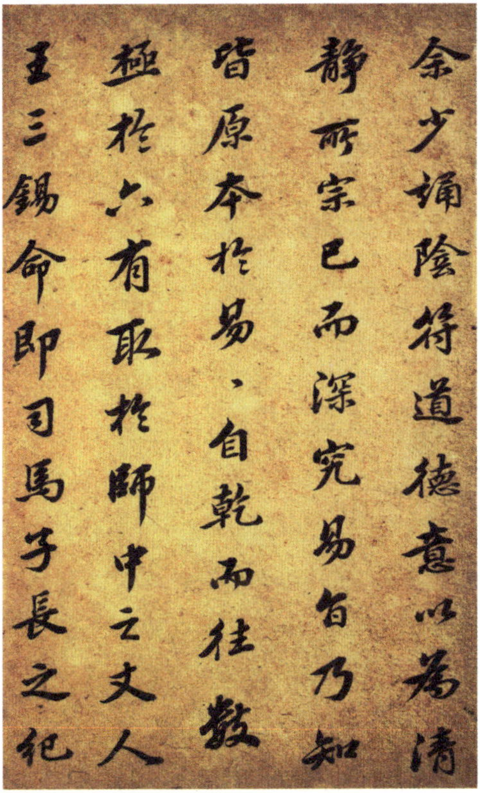

余少誦陰符道德意以為清
靜所宗已而深究易旨乃知
皆原本於易、自乾而往數
極於六有取於師中之丈人
王三錫命即司馬子長之紀

● 清代金石学家、藏书家王昶读《易》感言

“这就是清朝干部的花名册。”渐渐的，他的收藏就不局限在收藏册页、信札了，包括对联、轴子都收。

## 收藏的历史价值远大于艺术价值

北京的古玩店不必说了，广州、武汉、上海、杭州这些城市中有些历史的古玩店都认识田家英。他一去出差开会，得了个闲空儿，就赶紧去淘东西。后来，人家也都给他留着，知道他要什么。甚至有些地方，文化系统找了一个人专职给他踩点，收集消息，什么东西在什么地方，他来了直接带他去看。

“当时很多文物商店都有‘内柜’。何为‘内柜’？”陈烈解释说：“那时候的文物商店主要是三大任务：一为中央首长服务；二为博物馆服务；三为外宾服务。不是为广大人民服务，因为人民买不起。内柜，就是为中央首长单开的。因此，内柜的东西，多少钱收来的，就多少钱卖，不准加价，不能赚中央首长的钱。内柜一般只对部级以上干部开放，例如田家英、康生、李一氓、陈伯达、谷牧、夏衍等人都经常光顾。”曾自描述当时的内柜，“一般都在小阁楼上，像一个小仓库，楼梯非常陡。因为去的人少，所以灰尘特别多，每次父亲翻完之后下来，都是一身的灰、蜘蛛网，但是喜欢这些东西的人，都不在乎。”曾自坦言：“如果没有这么优越的条件，父亲也不可能收集到这么多、这么全珍贵的文献。”

● 1959年庐山会议后，田家英在回九江的船上（吴冷西　摄）

能够让田家英随心所欲地收藏，还有一个重要条件，田家英一家在中南海里面算是比较富裕的。“当时，我们家在这些干部家庭中，经济状况算是比较好的。因为我妈也是高级干部，收入也不低，而且我们家孩子少。所以父亲从来不把工资给家里，母亲的工资足够养家。母亲一个月挣两百多，父亲挣的小三百，而且还有稿费。这些钱，他几乎都用在收藏这些东西上了，”曾立说，“我父亲当时有一个存折放在荣宝斋，有些东西看不好的先拿走。回去决定要了，再打个电话，荣宝斋那边就直接把钱扣了，他从来不欠钱。”

田家英常说：搞学问要有专长，收集这类东西也要随学问而有所专注。现在许多人欣赏绘画，而不看重书法，更不看重年代较近的清人的字，倘不及早收集，不少作者的作品就有散失、泯灭的危险。因此他收集的东西往往并不是别人看重的。曾自说：“父亲收藏的这些东西，当时是不值钱的，几毛钱几块钱一件。例如那些扇面，基本都是五毛或者一块钱买来的。”

一次在东安市场的旧书店，田家英遇到陈英、金岚夫妇。金岚与田家英曾同在延安陕北公学学习，老同学相见，十分亲切。但当他看到夫妇俩花了 280 元买了一幅徐悲鸿的马图时，很不理解。古人常说：“画是八重天，字是九重天。”可见字的品味远在画之上。

对于田家英来说，他的收藏是有明确目标的，并不在于其中有多大投资价值。戊戌六君子中，他一直没有找到杨深秀的墨迹。1961 年，他到山西搞调查，在晋祠写文件的时候发现一个影印本中的一张画上面有杨深秀的字。他毫不犹豫地收了回来。回来之

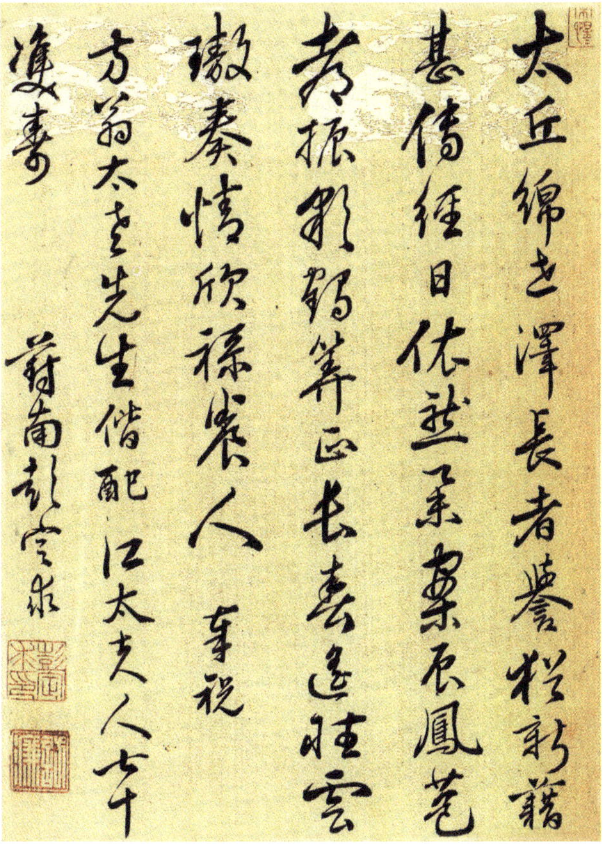

● 康熙十五年状元彭定求行书五言律诗页

后，他还在这个影印本上标注：杨深秀的墨迹很难找，影印本也很珍贵。

田家英除了在旧书摊、文物商店寻觅，有些藏品也来源于收藏者间的交换、转让。收藏家赵药农（赵翼后人）过世后，其家人有意将藏品转让，田家英因而获得了一批高水平的藏品，其中包括赵翼、张惠言、黄景仁、顾贞观等几十位学者的墨迹。田家英极其看重这批藏品，其历史价值重于艺术价值。如清初词人顾贞观的《金缕曲》扇面，不仅因顾贞观当时已名扬海外，还在于这两首《金缕曲》记述了他与吴兆骞的友谊，以及因此感动纳兰性德，营救因文字狱已经被流放宁古塔22年的吴兆骞的真实故事。

田家英收藏的一幅孔尚任的手卷，也是与别人交换而来。陈烈为了梳理这些藏品，拜访过当初负责调查田家英的中央三人小组之一中共中央对外联络部原副部长王力。“一见面，王力就问，那幅孔尚任的手卷还在吗？他的意思是，他当时和我岳父关系很好，孔尚任的这幅字就是岳父拿金农的墨梅图与他交换的。王力去世之后，他的后人把这张画给卖了，我看到上面果然有两方章，一个是田家英的，一个是王力的。”

## 潜心整理收藏成为最终的寄托

1962年北戴河会议以后，田家英不再起草中央文件，参加的

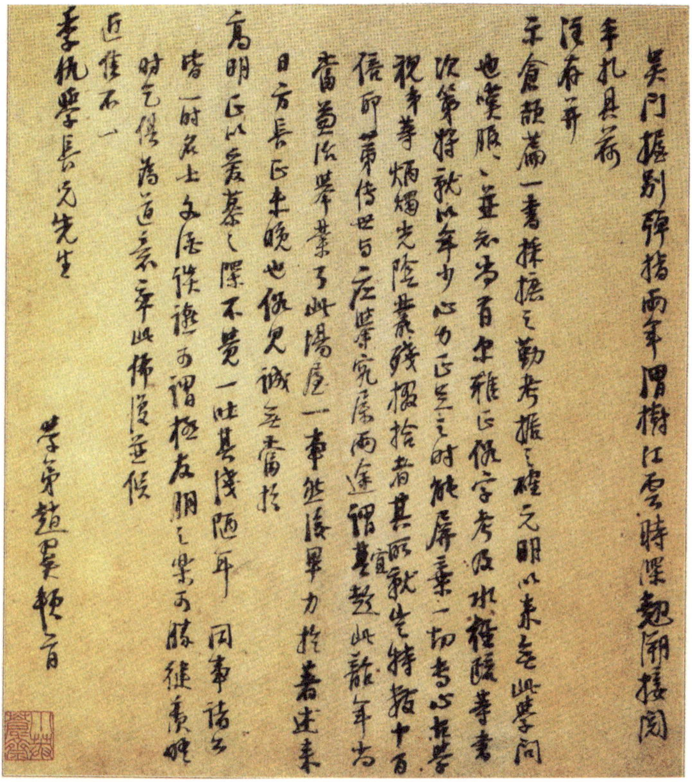

● 赵翼致孙星衍书札

会议也越来越少。曾自回忆说："他曾向毛主席申请，去修清史，但主席没有同意。于是，他只能自己找事做，一个是给毛主席编书，一个是收集和整理文物。"

她记得，当时父亲身边有一位"高参"，叫陈秉忱。陈秉忱家学渊博，其曾祖陈介祺是清代著名收藏家。陈介祺收藏最鼎盛的时期，集有三代及秦汉印7000余方，名其楼曰"万印楼"。藏有商、周古钟11件，取其整数，因而"万印楼"又称"十钟山房"。此外，还有商周铜器235件，秦汉器物80余种，以及秦汉刻石，各种古钱、陶、瓷、砖瓦、碑碣、造像、古籍、书画等精品达万件以上。台北"故宫"收藏的毛公鼎，原藏于他家。

陈秉忱30岁前，没有参加过任何工作，在家中潜心研究。1932年韩复榘督鲁时，怀疑他家是共产党的秘密据点，将他逮捕入狱，1935年释放回家，后参加八路军。1956年，田家英因看重他的才学，把他从中央军委办公厅调到了中共中央办公厅秘书室担任副主任。

曾自说："不久，他和父亲就成了忘年交，好得不得了，而且成了父亲的掌眼，收东西都是陈老丈帮着看。两个人天天在一起整理收来的信札、册页，上面的批注都是陈老丈抄写的，学问功底非常深厚。毛泽东与苏联签订的《中苏友好同盟条约》就是他抄写的。朱德的墓碑也是他写的。"

田家英按照年代、学派等，将收来的信札集结成册，专门请上海博物馆的朋友帮助装裱，共六册。其他手卷、画轴，为了妥善

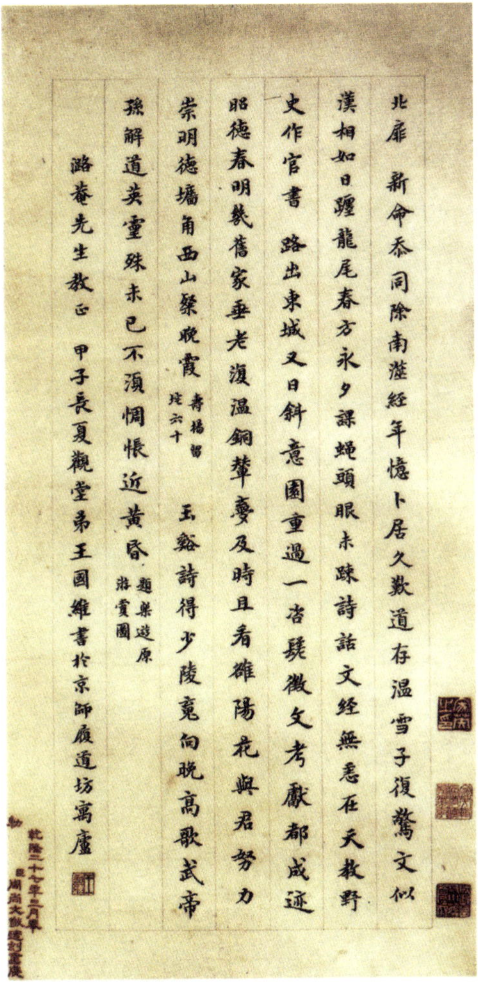

● 王国维楷书诗轴

保存，也都让妻子董边缝制了布套。“那时候，布票特别紧张，家里虽然有钱但是没布票，所以我们穿的衣服也都是大补丁。但父亲为了把他收藏的画轴、信札保护起来，把仅有的一点布票买来的布都做成了口袋，把那些东西保护得非常好。”

“小莽苍苍斋”收藏的清人墨迹，不论是宏篇巨制还是单页小札，在拖尾或押角处都留有田家英的收藏印，有名章，也有斋号，多达百十枚，大多出自当代篆刻大师之手，如陈巨来、齐燕铭、顿立夫等。

据陈烈介绍，他多年整理发现，田家英的收藏在“文革”期间损失很大，“在1966年查抄的时候，曾有一本账目，1980年一并退还回来了。经我核对，差了几百件东西。在整理过程中，我也发现了一些蛛丝马迹。如我在一个印章盒里面发现了一个纸条，是‘8341’部队一个战士写的一个检查：‘我出于对反革命分子田家英的气愤，拿走他两块鸡血石。’看来这是被人发现，还回来了，检查也放在里面了。结果到我们手里时，那两块鸡血石的印章还是没了，可能后来又被别人偷走了”。

曾立也无意中得到了一份记录单，正是“文革”期间，陈伯达的秘书王文耀到永福堂来拿东西的详细清单，其中包括龚自珍的自作诗立轴等。此外，曾自提道：“因为我母亲喜欢写草书，尤其喜欢董其昌的字。董其昌虽不是清代学者，但父亲为了满足母亲的喜好，收了很多董其昌的手卷让她临摹。母亲回忆当时家里有七八件董其昌的书法，但还回来的东西中，董其昌的一件都没

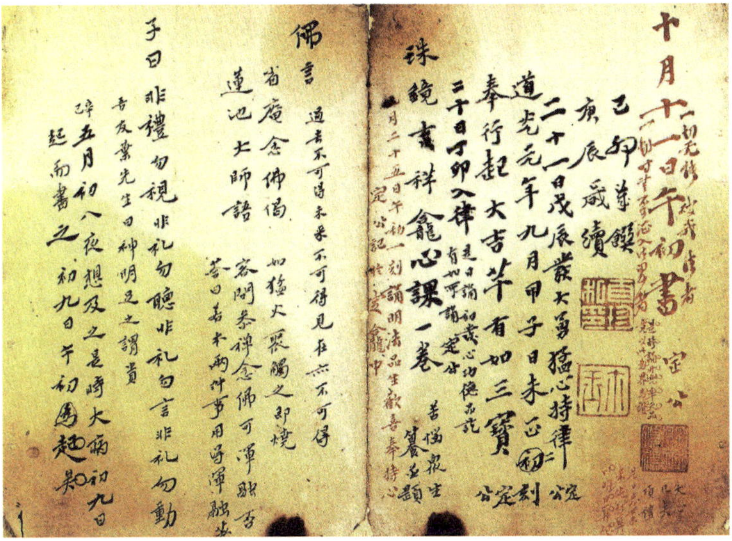

● 龚自珍行书《珠镜吉祥庵心课册》

有了。”

1991 年，中国历史博物馆举办了“小莽苍苍斋收藏清代学者法书展”，引发了人们对田家英的怀念。赵朴初老人观后即兴题写了“观其所藏，知其所养。余事之师，百年怀想”的诗文，对他的收藏意义和人品人格抱以仰慕和尊敬。此后，董边即将 105 件藏品捐献国家，其中包括吴伟业、龚鼎孳、王时敏、龚自珍、林则徐、何绍基等清代著名学者、仁人志士的墨迹。

2013 年，为了纪念田家英诞辰 90 周年，《小莽苍苍斋藏清代学者书札》由人民文学出版社出版。连同此前已出版的《小莽苍苍斋藏清代学者法书选集》《田家英与小莽苍苍斋》，田家英倾心辑藏和研究的一批清代学者信札已全部出版。

# 安思远

## 一生都在收藏中国

■ 2014年8月3日凌晨，有“中国古董教父”之称的美国著名收藏家安思远（Robert Hatfield Ellsworth）在纽约去世，享年85岁。之所以称他为“教父”，原因就在于他对中国古董的收藏以及中国传统文化的了解是很多现当代国内收藏家无法比拟的。安思远一生钟情于中国艺术，收藏门类之丰，涵盖铜像、碑帖、家具、书画等，曾有幸到他家拜访的人，无不赞叹，那里简直是“一座小型的博物馆”。而他对于中国艺术品的研究，也具有前瞻性，早在20世纪五六十年代，他就开始有意识地收藏研究明清硬木家具，由于他在明式家具收藏研究上的建树，安思远被人称为“明朝之王”。

他离世的消息一经传出，国内外文博和收藏界人士便纷纷表示哀悼和惋惜，苏富比艺术学院原中国区首席代表、资深艺术品市场顾问、收藏家梁晓新甚至称“西方收藏中国艺术的时代行将结束”。与此同时，关于中国文物回流的话题再次被人们提起。安思远老人没有妻子儿女，他去世后，众多藏品何去何从成为人们关注的焦点。不过，当我们为那些流失海外的中国古董惋惜的时候，也应该承认，如果没有安思远这样倾尽一生心血对中国古董及艺术品进行研究和收藏的人，更多的艺术精品早已随着半个多世纪以来中国社会的变迁而灰飞烟灭了。

## “教父”称号名副其实

收藏家西畴在记述造访安思远家的情景时如此描述：“在20多个房间连通起来的庞大空间里，目之所及，无不是精彩绝伦的东方艺术品。墙上悬挂着的，有明代文徵明的书法条幅、齐白石的李铁拐炼丹图、傅抱石气势磅礴的山水、石鲁孤傲的寒梅和苍劲的书法，几案上摆着商周青铜器、唐代的金银器和三彩陶器，中国石雕和古印度石雕依墙而立，多宝格中的南宋龙泉窑青瓷和明清单色釉官窑瓷器错落有致，几件宋、金时期的瓷枕随意地放在窗台上，踩着清末从宫廷中流传出来的地毯，你可随意地选择一件明代红木椅坐下，而书案上十几件古玉，则可随时把玩……置身其中实际上就是徜徉在一个藏品丰厚的东方艺术博物馆，历史的厚重与人类艺术的精华都凝结在这片空间之中。”

● 安思远的东方艺术品宝库

● 安思远收藏的中国瓷器

安思远收藏的中国古董，涉及门类之多、时间跨度之大、藏品的珍贵及稀有，全世界能与其比肩的收藏家着实不多。青铜器、陶器、石雕造像、唐俑宋瓷、写经碑拓、壁画地毯、玉器象牙、明清官窑、名家字画，凡精彩的古代、现代艺术品，无不收之。

安思远所藏的古家具、中国书画、碑帖、文房等艺术品均属馆藏级文物，他对中国近现代的书画情有独钟，1987年曾出版《中国近现代书画（1800—1950）》（三卷本）。1993年，纽约苏富比曾为他收藏的近现代书画举办过专场拍卖，其中不乏齐白石、傅抱石、徐悲鸿、张大千、潘天寿等人的作品。在他的碑帖藏品中，有《旧拓晋唐小楷》、《淳化阁帖》最善本四卷、《宋拓怀仁集王圣教序》、《宋拓怀素草书千字文》、《水拓本瘗鹤铭》、《明拓天发神谶碑》、《明拓礼器碑》、《曹全碑》（未断本）、《旧拓石鼓文》等。文物出版社1996年出版过《安思远藏善本碑帖选》，他一生收藏的碑帖精品多收入其中。

虽然安思远一直以古董商人、收藏家的身份示人，但他对于中国传统文化的了解极为深入。在中国人自己还没有意识到明清家具具有的艺术价值时，他已被其精美的设计和工艺所震惊，并于20世纪中期开始潜心研究且大量购入，即使受到当时西方收藏界同行的嘲笑，亦不改其志。1971年，厚积已久的安思远出版了他的著作《中国家具——明代与清早期的硬木实例》（*Chinese Furniture: Hardwood Examples of the Ming and Early Ch'ing Dynasty*）一书。尽管在此之前曾有西方学者出版过关于中国家具的专著，但是安思远

● 《中国近现代书画（1800—1950）》书影

的这本著作才真正具有里程碑的意义，大大推动了国内外对于明清家具的认知，让古董家具在中国从实用器具上升为艺术品，甚至直接引发了一股收藏热潮。此后，他还相继出版了《夏威夷收藏的中国硬木家具》（*Chinese Hardwood Furniture in Hawaiian Collection*，1982）、《风格的实质：晚明与清早期中国家具》（*Essence of Style: Chinese Furniture of the Late Ming and Early Qing Dynasty*，1998）、《洪氏收藏中国家具》（*Chinese Furniture: The Hung Collection*，2005）等专著。

在国内，直到“文革”后，王世襄先生才历尽波折，相继出版了《明式家具珍赏》《明式家具研究》《锦灰堆》等著作。两个人，一中一西，一内一外，将明清家具的鉴赏与收藏推向了高峰，甚至带动了中国仿制古旧家具产业的兴盛。同时，中国贵重木材的需求和进口大增，导致越南、缅甸、印度等国家对木材出口法规进行修订。

## 与中国艺术结缘

因其收藏中国古董的成就，加上“安思远”这个地地道道的中文名，常有人误认为他是一位华侨。殊不知，安思远出生在一个犹太望族家庭，是美国宪法的首席执笔奥利弗·埃尔斯沃斯（Oliver Ellsworth）的嫡传后裔，父亲是一位知名牙医，母亲是一位歌剧

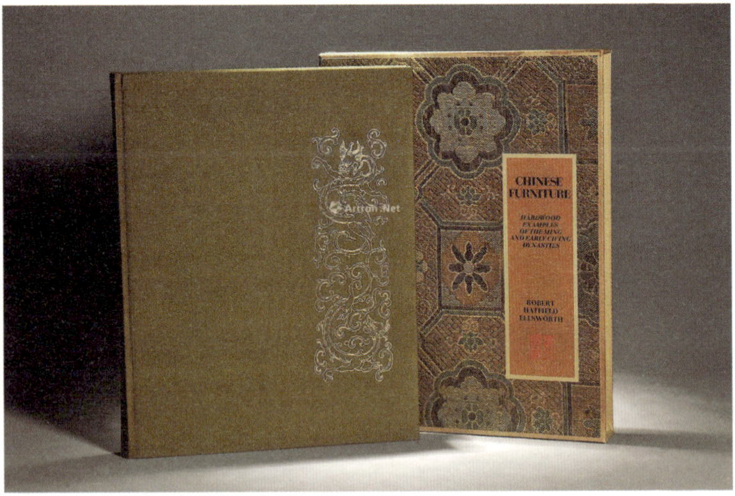


● 《中国家具——明代与清早期的硬木实例》书影

演员。

儿时，安思远就表现出对艺术的强烈兴趣和犹太人天生的经营头脑。未及高中毕业，安思远便辗转于纽约的旧货店，凭借自己与生俱来的天分选购包括中国艺术品在内的古董，然后转手卖给古玩商店，以此获利。后来，他进入纽约富兰克林艺术专业学校学习建筑，却又因研习画画，常常缺课，曾尝试以卖画为生。

1948年，年仅19岁的安思远进入纽约重量级古董商爱丽丝·庞耐（Alice Boney）开办的古董店工作。这让他迎来了自己人生中重要的转折，从此与中国艺术结下不解之缘。20世纪初，纽约艺术界对中国艺术知之甚少，而庞耐与其丈夫在纽约开设了第一家经营中国艺术品的画廊——Jan Kleykamp，为中国艺术品进入美国市场打开了大门，曾有人评价，“因为庞耐的出现，美国才能以不到50年的时间，了解到中国艺术品的价值”。在古董店打工期间，安思远得到庞耐的赏识，学会了鉴别中国古陶瓷、书画、家具等最实用的方法。庞耐还将安思远引荐给纽约大都会博物馆远东艺术部的馆长艾伦·普里斯特（Alan Priest），他是西方研究亚洲艺术的领衔人物之一。

同年，安思远还参加了王方宇在耶鲁大学开设的汉语学习班。他从王方宇教授那里学习到汉语和中国古代绘画的理论知识，同时也得到了后来广为人知的中文名字——安思远。

跟随着庞耐和王方宇，安思远不但了解到更多的有关中国传统艺术的知识，以及为人为商之道，也开拓了他的收藏思路。1950年，

● 安思远与他的中国藏品

安思远应征入伍在夏威夷服役，同时，他依然保持着对中国艺术品的痴迷，四处造访、学习。退伍后，安思远利用多年磨炼出来的眼力，投身艺术品经营事业。1960 年，安思远终于在曼哈顿拥有了一间自己的画廊。凭着过人的判断力和胆识，安思远的生意越做越好，在他的客户名单中，不仅有纽约大都会博物馆、克利夫兰美术馆等重量级的收藏单位，也有如克利斯蒂安·修曼（Christian Humann）和约翰·D. 洛克菲勒三世（John D. Rockefeller 3d）这样的大银行家和实业家。

1981 年，修曼辞世，安思远大胆地以 1200 万美元收购了修曼的 1600 件以印度和东南亚艺术品为主的“泛亚”古代艺术品，其中半数很快售出。1982 年和 1990 年，安思远又委托佳士得和苏富比举办专场拍卖会，售出了一部分，而他仅仅保留了少量最钟爱的中国及东亚艺术品。此时，安思远已经完全确立了他国际权威的亚洲艺术品鉴赏家和经销商的地位。

## “中国艺术品给了我一切”

安思远曾说：“中国艺术品给了我一切，我愿为中国做一些事。”20 世纪 90 年代，安思远在香港成立了抢救安徽古民居基金会，并带头捐款，使得此后的几年里，多座濒临倒塌的古民居得以修葺；2000 年，他发现自己在港澳地区购买的五代王处直墓汉白玉彩绘

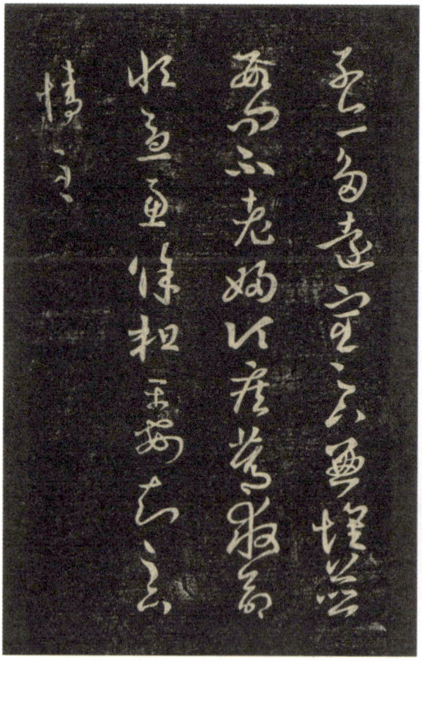

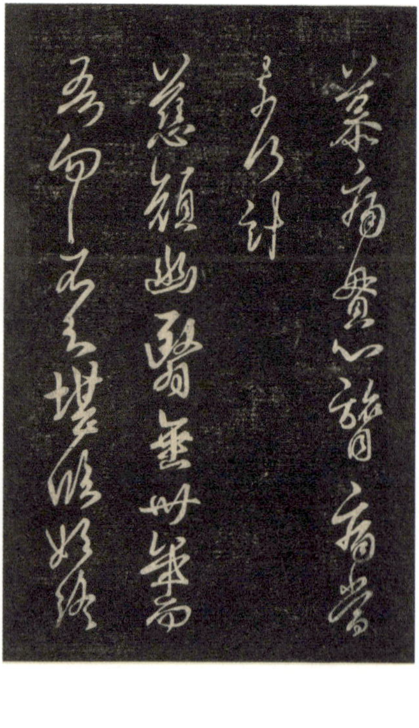

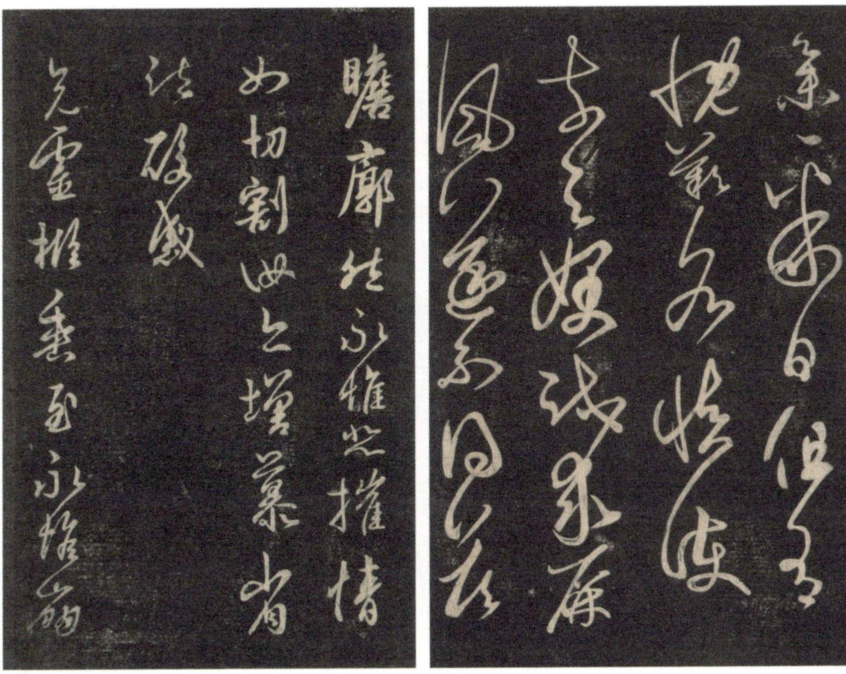

● 安思远所藏最善本《淳化阁帖》

浮雕武士石板是被盗文物后，主动与中国政府取得联系，并无偿捐赠，这尊石雕现藏于中国国家博物馆；2002年，安思远又将一件西周青铜器“归父敦”送还中国，亦藏于中国国家博物馆。

最为轰动的当属2003年，安思远将所藏宋拓《淳化阁帖》四卷以450万美元的价格转让给上海博物馆。早在1996年，启功先生听说有三卷宋拓《淳化阁帖》被一位美国人收藏，便委托时任国家文物局外事处处长的王立梅，在去美国参加“中华文明五千年文化艺术展”的谈判时，顺便访求。同年，安思远携四卷北宋拓《淳化阁帖》到北京，在故宫博物院举办展览。启功先生盛赞这四卷《淳化阁帖》是“彩陶般的魏晋至唐法书的原始留影”，而促成“阁帖”回归祖国，也成了启功先生晚年最大的心愿。

《淳化阁帖》是中国最早的一部汇集各家书法墨迹的法帖。收录了中国先秦至隋唐1000多年的书法墨迹，包括帝王、臣子和著名书法家等103人的420篇作品，被后世誉为中国法帖之冠和“丛帖始祖”。其中，第一卷收录汉章帝至唐代19位帝王的书法，包括东晋明帝司马绍《墓次帖》、康帝司马岳《陆女郎帖》、哀帝司马丕《中书帖》等。20世纪80年代，安思远通过著名收藏家吴尔鹿购藏的一本《旧拓晋唐小楷》了解到旧拓碑帖的珍贵，开始这一门类收藏。至90年代中期，他已经收集到很多重要拓本，其中最为珍贵的是北宋拓《淳化阁帖》最善本第四、六、七、八卷。

为了满足启功老先生的心愿，安思远同意割爱，提出用北京故宫中所藏一些仅有经济价值、无甚文物价值的物品来交换。但

因多重原因，没能达成交易，此后又有多方希望购买，也都未能遂愿。7 年的时间，王立梅与安思远建立了良好的关系。直至 2003 年，上海博物馆委托王立梅以 450 万美元买下这四卷《宋拓本淳化阁帖》。对于最终选择上海博物馆，安思远曾表示："我只希望《淳化阁帖》回到中国，所以，我对日本人的开价是 1100 万美元，对其他中国人的开价是 600 万美元。"

安思远热衷于公益事业，纽约大都会博物馆的大多数中国藏品皆由他捐赠。1985 年，他捐赠给弗利尔美术馆 260 件中国近现代书法作品和一件 13—14 世纪印度铜牛像。他还曾捐赠部分珍藏给耶鲁大学博物馆，以答谢恩师爱丽丝·庞耐。因此，他荣任美国国家税务局艺术品捐赠审核委员会的五名顾问之一（其他四位皆为各大博物馆的专家或馆长）。

他没有妻子和子女，在最后的日子里，陪伴他的是半个多世纪以来自己所构筑的中国珍宝世界。他的去世不但让我们感到怀念和惋惜，而且应该借此反思，在如今国内火热的收藏界，有多少如安思远先生一样对中国古代艺术如此痴迷且研究深入的藏家。安思远之所以能够成为全世界泰斗级的中国古代艺术品收藏家，不仅因为他具有敏锐的商业头脑和独特的眼力，更因为他将中国艺术推向世界，为其赢得了应有的地位和尊重。

# 后记 “收藏”是“我就喜欢”

不记得在哪看过，水瓶座的人都有收集的癖好，我也不例外，从小就爱收集明信片、纪念章等各种小东西。上学期间，几乎把所有的零用钱都买了磁带，主要是摇滚和相声，十块钱一盘的卡带，对于我这个中学生来说，常常把饭钱都得搭进去。但每次买下一张心仪的专辑，都欣喜若狂，觉得值了。忍饥挨饿多年，收了几百盘磁带，转眼间大家就都听 Mp3 了。之后，收集 DVD 遇到了同样的惨痛经历，但这并没有让我改掉爱收东西的习惯，甚至沉迷其中。

进入媒体工作后，正好赶上收藏市场火了，各个媒体都纷纷开设收藏栏目，紧追市场热点，意在吸引读者眼球。我立马主动请缨，负责的收藏栏目坚持了一年有余，采访了数十位各领域的收藏家，除了收藏家具、书籍、书画，有的甚至还收藏各种瓶子或各个时代的收音机。

我很是爱听老先生们讲自己多年来的收藏故事，有的甚至是从其祖辈、父辈起就酷爱收藏。由于特殊的年代、传奇的经历，他们的收藏故事中蕴含了许多值得思考的问题。有的付出了万贯家财，有的付出了半生光阴，其中的辛酸、乐趣值得回味，展现出一种对于艺术、历史、生命的态度。

他们中无论是学者、编剧、主持人抑或大学教授，每当谈到自己的收藏时，都有种返老还童的感觉，甚至平时话不多的，此时也滔滔不绝。俗话说，“不迷不成家”，而他们对于收藏的痴迷，让我羡慕不已。现如今，如此奔波、忙碌的生活中，能有种为之着迷的爱好，全心投入，不但增加了生活的趣味，也充实了自我。

每当我兴致勃勃采访归来，交了稿子，面对主编时，却总是听到他意兴阑珊地问道：“他说的这件东西现在的市场价值是多少啊？”“能不能让他给读者一些投资的建议啊？”“他的藏品中，哪一类近些年升值最多，现在还有没有投资价值啊？”我无言以对。

没过多久，编辑们发现，报上、网上一条条爆炸似的拍卖新闻，跟“收藏”完全两回事儿，以至于多数收藏栏目半路夭折，抑或偏离初衷。

人们现在总是习惯性地把“收藏”和“投资”联系起来，听说什么升值了，就一窝蜂地去抢购，幻想着过个一年半载，价钱能够翻上几倍。就连电视台的收藏栏目，都是在财经频道播出的，无论玉器，还是家具，只看材料，缺乏审美。常常如此抱怨的我，也没能说服编辑把收藏栏目继续下去。但幸运的是，东方出版社的陈卓老师同我一样感受到了这些收藏家们的故事弥足珍贵，决定将我的这些采访稿编辑出版，让我感激不尽。

实际上，“收藏”与“投资”之间的关系并非如此简单。记得邹静之先生讲过，20世纪90年代，那时还没有太多人收藏家具，高碑店卖的旧家具堆满整个仓库，百十块钱随便挑。而姜德明先生的很多旧书，甚至是几分钱从旧书摊淘来的。现在的人听到，一定觉得他们捡漏了，但在他们看来无所谓捡漏，因为时至今日他们对于自己的藏品依然爱如珍宝，与价钱无关。藏家们为那些艺术品优美的造型而着迷，为那段不平凡的历史而感慨，为重拾曾被遗弃的文化而寻觅，这才是收藏的魅力所在，也正是因为这些艺术价值、历史价值、文化价值的发现，这些原本被人们丢弃的“废物”才被重新认识，并受人追捧，赋予其“投资”价值。

因此，收藏市场的火爆，对很多藏家来说，似乎并不是什么好事儿。姜德明先生早已经不去淘书了，旧书摊都被取缔了；邹静之先生也从收藏红木紫檀黄花梨，改为收藏硬杂木和大漆家具，因为黄花梨早已被炒成了天价；樊建川先生虽然曾是房地产公司的老板，也感叹连毛主席像章现在的价钱都翻了十几倍。

在我看来，收藏不是投资，而是一种发自内心的着迷和执念，沉浸其中，乐趣无穷。很多年轻人对于这一概念的理解似乎更加透彻，收藏的种类也可谓多种多样，从玩具、相机、明信片、收音机、扑克牌，到杯子、耳机、饮料瓶、二战军品，只要喜欢，没有什么是不能收藏的。此时突然想起王力宏的歌，“我就喜欢！”